V&R

Karin Brose

Survival für Referendare

Vandenhoeck & Ruprecht

Mitwirkende Referendarinnen und Referendare unter
Ausschluss derjenigen, die nicht namentlich genannt werden wollen:
Carolin Baur, Annkathrin Merk, Birthe Schulz-Kullig,
Jan Schoon und David Wieblitz.

Bibliografische Information der Deutschen Nationalbibliothek

Die Deutsche Nationalbibliothek verzeichnet diese Publikation in der
Deutschen Nationalbibliografie; detaillierte bibliografische Daten sind im
Internet über http://dnb.d-nb.de abrufbar.

ISBN 978-3-525-61105-0
E-Book ISBN 978-3-647-61105-1

Umschlagabbildung: TOBIAS (Raphael Bräsecke), Will / Schweiz

© 2010, Vandenhoeck & Ruprecht GmbH & Co. KG, Göttingen /
Vandenhoeck & Ruprecht LLC, Oakville, CT, U.S.A.
www.v-r.de
Satz: textformart, Göttingen
Druck und Bindung: fgb freiburger graphische betriebe

Gedruckt auf alterungsbeständigem Papier.

Vorwort

„Survival für Referendare" erhebt nicht den Anspruch, den einzig richtigen Pfad zu kennen, auf dem Lehramtskandidaten erfolgreich die Phase ihrer Ausbildung überleben können. Vielmehr möchte das Buch aufzeigen, dass jeder seinen ganz persönlichen Weg finden kann.

Nicht nur Lehrer[1] müssen den Schülern gewachsen sein, sondern auch die Seminarleiter den Referendaren. Kommunikation und Transparenz sind Grundlagen für gelingende Pädagogik. Wie Lehrer nicht alle Schüler über einen Kamm scheren dürfen, sondern versuchen müssen, jeden nach seinen Kompetenzen zu fördern, sollten Ausbilder angehenden Lehrern die Chance auf Entfaltung ihrer Lehrerpersönlichkeit geben. Dazu müssen sie ausreichend Zeit haben, die Referendare zu korrigieren, ohne gleichzeitig bewerten zu müssen. Lehramtskandidaten benötigen die Möglichkeit, durch „learning by doing" zu guten Pädagogen zu werden. Man kann sich als Referendar durch Hospitationen vieles von Kollegen abgucken. Ob das Gesehene aber zu einem passt oder die persönliche Authentizität stört, muss jeder selbst herausfinden. Konsens ist, dass die Lehrerausbildung nicht zu kurz sein darf.

Erfahrungsberichte angehender Lehrer gepaart mit den umfangreichen Erfahrungen einer Lehrerin zeigen, wie sehr sich das Referendariat mit allen positiven und negativen Aspekten vom Berufsalltag unterscheidet. Erkennen und Benennen von Problemen, das Gefühl, damit nicht allein zu sein, wird manchen bewegen.

Die überwiegend kritische Beschreibung der Ausbildung durch die Referendare macht deutlich, dass nicht nur die Bildungspolitik,

---

1 Im Folgenden stehen die Begriffe „Lehrer" und „Referendar" für weibliche und männliche Lehrkräfte.

sondern auch die Lehrerausbildung nach Veränderung und bundesweiter Gültigkeit ruft.

Wer Lehrer werden möchte, kann sich durch die realistischen Berichte der Referendare auf das, was auf ihn zukommt, einstellen.

Wer den Weg zum „Lehrer" als zu steinig empfindet, sollte möglichst vor Studienbeginn nach Alternativen suchen.

Letztendlich gilt: Lehrer sind so verschieden wie die Schüler, die sie unterrichten. Jeder muss nach dem Weg suchen, der seiner Persönlichkeit entspricht. Manche geben auf und orientieren sich neu, andere sind durch nichts von dem Berufsziel „Lehramt" abzubringen und bereuen ihre Entscheidung nie.

Ich bedanke mich sehr herzlich bei den angehenden Lehrern, die sich trotz Arbeitsbelastung und Ausbildungsstress die Zeit genommen und den Mut gehabt haben, zu diesem Buch beizutragen. Dort, wo es in den persönlichen Beiträgen zu inhaltlichen Redundanzen kommt, sind diese ein Indiz für die besondere Relevanz des angesprochenen Punktes.

Ich wünsche allen Leserinnen und Lesern, dass dieses Buch bei ihrer ganz persönlichen Orientierung hilfreich sein wird.

Karin Brose, im Juni 2010

Inhalt

IV. Wie kann man den Referendars-Alltag bewältigen?

V. Welcher Typ sind Sie?

VI. Examen

VII. Nach dem Referendariat

VIII. Alternativen zum Lehramt

I.

Lehrer werden

Zukunft prägen

Haben Sie schon einmal darüber nachgedacht, dass Sie als Referendar die Zukunft unseres Landes mitprägen werden?

Von Ihrem Geschick als Lehrer wird es unter anderem abhängen, ob die kommenden Schülergenerationen die Schule als selbstbewusste, kritikfähige und mutige junge Erwachsene verlassen. Mut und Kreativität werden sie genauso brauchen wie eine Rückbesinnung auf ethische Werte. Tugenden wie Pünktlichkeit, Höflichkeit, Ehrlichkeit, Fleiß, Achtung und Toleranz müssen neu betont werden. Richtig und falsch müssen wieder klare Begriffe sein. Von Ihrem Können und Ihrer Persönlichkeit wird es abhängen, wie sehr Sie Ihre Schüler zum Lernen motivieren können. Kommende Bildungsstudien werden Ihren Erfolg zu belegen versuchen.

Eine große Verantwortung. Größer als sie in den meisten Berufen zum Tragen kommt. Dabei werden Sie „nur" Lehrer.

Immer mehr Menschen fordern eine bundeseinheitliche Bildung. Schulabschlüsse müssen vergleichbar sein. Das Abitur in Hamburg muss genauso viel wert sein wie das in Sachsen. Voraussetzung dafür wäre eine einheitliche Ausbildung der deutschen Lehrer.

Föderalismus mag Vorteile haben. In Bezug auf die Bildung unserer Kinder eher nicht.

Warum wollen Sie Lehrer werden?

Sie haben den Deutschunterricht in der Schule geliebt. Sie haben Freude an Sprache und Rhetorik. Sie möchten Lehrer werden? Was liegt näher als Deutsch fürs Lehramt zu studieren?

So beginnt für viele der Einstieg in eine frustrierende Berufskarriere. Ich empfehle Ihnen einen Perspektivwechsel, wenn Sie Ihre Studienentscheidung treffen.

Fragen Sie sich nicht nur: „Möchte ich unterrichten?" Fragen Sie sich auch: „Wen möchte ich unterrichten?" Fasziniert es Sie, wenn kleine Kinder an Ihren Lippen kleben und alles wissen wollen? Nervt es Sie nicht, wenn sie an Ihrem Rockzipfel hängen? Dann sollten Sie Grundschullehrer werden. Hier müssen Sie Kinder begeistern können. Kleine Kinder sind ausgesprochen personenfixiert. Als Klassenlehrer übernehmen Sie häufig die Erziehungsarbeit der Eltern. Sie werden hier Schnürsenkel binden, Nasen putzen und häufig müssen Sie die Grundlagen für Sozialverhalten legen. Ihre emotionalen Fähigkeiten sind mehr gefragt als Ihre fachlichen. Weil Sie viel mehr Stunden mit Ihren Schülern verbringen, werden Sie stärkere Bindungen zu Ihnen aufbauen als ein Lehrer in der Sekundarstufe I oder II.

Als Deutschlehrer an einem Gymnasium dagegen können Sie herausfinden, ob Ihre Schüler Ihre Faszination von Goethes frühen Werken teilen.

Im Studium beschäftigen Sie sich mit Themen, die Sie später in der Schule nicht unbedingt anwenden werden. Was Ihnen dagegen an Didaktik und Methodik angeboten wird, befähigt sie wenig für den Unterricht. Nach zahlreichen Gesprächen mit Lehramtsstudenten aus verschiedenen Bundesländern muss ich feststellen, dass sich die Ausbildung zum Gymnasiallehrer vielerorts noch immer auf das Dozieren von Fachwissen beschränkt. Die Studierenden fühlen sich wie Fachidioten ohne Handwerkszeug. Sie müssen auf einen guten Mentor oder Fachleiter im Referendariat hoffen, der Ihnen die nötigen Brücken in die Praxis baut. Unsere Kultusminister sollten diese Situation unbedingt zugunsten von mehr Praxiskompetenz verbessern.

In Bundesländern, in denen allein der Elternwille den Zugang zum Gymnasium ermöglicht, hat sich die Schülerklientel deutlich verändert. Das hat zur Folge, dass sich an manchen Gymnasien Wissensvermittlung und Sozialarbeit schon die Waage halten.

Oder ist es Ihre Motivation, benachteiligten Schülern Chancengerechtigkeit zu verschaffen?

Wenn Sie als Deutschlehrer an einer Sekundarstufe I der Hauptschule unterrichten wollen, müssen Sie nicht nur in der Lage sein, Ihre Sprache auf einfachstes Niveau herunterzubrechen. Sie müssen ein großes Maß an pubertärer Renitenz nervlich ertragen. Sie müssen aushalten, dass Sie so manchen lieb gewonnen Schüler nicht auf den Weg bringen. Das fällt gerade den Engagiertesten von uns besonders schwer.

Fachliche Kompetenz ist für das Lehramt nicht die halbe Miete. Wenn Sie sich mit Ihren Schülern nicht wohl fühlen, werden Sie ein schlechter Lehrer sein.

Frau Köhn* wollte immer schon Lehrerin werden. Schon als Mädchen sah sie sich vor einer Schulklasse stehen und Schüler an ihren Lippen hängen. Als dann ihr Referendariat begann, musste die junge Frau erkennen, dass sie in einer unbekannten Welt gelandet war. Mit solchen Kindern hatte sie zuvor noch nie zu tun gehabt. Der Wortschatz dieser Schüler überforderte sie. Schon die Kleinen gebrauchten Ausdrücke, die sie erröten ließen. Ihre Distanzlosigkeit konkurrierte mit purer Frechheit.

Lehrer kommen selten aus bildungsfernen Familien. Häufig entstammen sie Lehrerdynastien oder der bildungsnahen Mittelschicht. Landet so ein behüteter junger Mensch aus wohlgeordneten Verhältnissen in einer Schule eines sogenannten Problemstadtteils, gibt es ein böses Erwachen. Nun kommt es darauf an, dass er

---

* Alle Namen sind frei erfunden.

seine gute Erziehung auch vergessen kann. Ebenenwechsel ist gefragt. Nur wer den Schülern in ihrer Sprache begegnet, wird sie erreichen. Das bedeutet nicht, dass Lehrer sich im „Dummsprech" ihrer Schüler unterhalten sollten. Wenn Sie aber in Ihrer gehobenen Sprache verhaftet sind, werden Sie nicht ankommen. Lehrerarbeit beschränkt sich nicht auf die Kinder. Auch Elterngespräche wollen geführt sein. Ebenenwechsel ist auch hier nötig. Sie müssen ebenso in der Lage sein, sich mit dem Managervater von Christoph zu unterhalten, wie mit Chantals Vater, der früher mal Maurer war, aber nun schon seit zehn Jahren alkoholabhängig ist.

Lehrer müssen Idealisten sein, um diese Arbeit überhaupt leisten zu können.

Motive von Referendaren
und jungen Lehrern

Mancher kommt zum Lehrberuf wie die Jungfrau zum Kind. Er jobbt nach dem Abitur mal hier, mal da, versucht dies oder jenes, immer auf der Suche nach dem richtigen Weg. Dann kann irgendwann ein Telefongespräch den Ausschlag dafür geben, dass er sich dem Lehramtsstudium zuwendet: „Du hast noch nichts? Warum studierst du nicht auch Pädagogik? Du bist doch seit Jahren Fußballtrainer. In der Schule ist das nichts anderes. Wir sind hier an der Uni eine super Clique. X und Y – die kennst du doch – sind auch dabei."

Multitalente konzentrieren sich auf eine Auswahl ihrer Fähigkeiten und studieren auf Lehramt. Irgendetwas muss man ja machen. Es ist schwer, das Richtige zu wählen, wenn keine spezielle Begabung vorliegt, sondern viele. Wer hat schon als Schüler das Glück, einen Coach zu finden, der ihn darin motiviert, seine Stärken richtig einzusetzen? Nicht zuletzt wegen fehlender Orientierungshilfen in der gymnasialen Ausbildung weiß so mancher Schüler nach dem Abitur nicht, wohin ihn sein beruflicher Weg führen soll.

Natürlich gibt es auch die anderen, die schon immer wissen, dass sie einmal Lehrer werden wollen. Sie können sich nichts Schöneres vorstellen, als Kindern alles beizubringen, was sie für eine gute Zukunft brauchen. Mit einem hohen Maß an Idealismus wollen sie kleinen Menschen zu mehr Chancengerechtigkeit verhelfen.

Welcher Grund auch immer Sie in Richtung Lehramt schickt, Sie sollten sich vor Beginn des Studiums ausreichend über diesen Beruf informieren. Gehen Sie in eine Schule. Unterstützen Sie die Hausaufgabenhilfe, bieten Sie Leseförderung an, nehmen Sie über längere Zeit am Schulleben teil. Sie werden schnell erkennen, dass der Lehrberuf nichts mit dem zu tun hat, was man sich aus Schülersicht vorstellt oder wie die Gesellschaft den Beruf einschätzt. Wenn Sie nach einer solchen Erfahrung noch immer sicher sind, dass Lehrer der richtige Beruf für Sie ist, packen Sie es an. Lassen Sie sich eingehend beraten, wie breit Sie Ihr Studium anlegen müssen, damit Sie nicht in eine Sackgasse geraten, sollte sich wider Erwarten das Lehramt für Sie doch als Irrtum erweisen.

Eine gesicherte Existenz

Im Nachhinein sind meine Beweggründe schlecht nachvollziehbar. Meine Interessen lagen ziemlich einseitig auf Literatur und Sprachen, aber ich war mir nicht ganz im Klaren darüber, was man damit im Leben macht. Meine Mutter brachte mich auf die Idee, Lehramt zu studieren, und ich fand diese Idee von Anfang an gut. Dazu kam der Gedanke an eine gesicherte Existenz, der Wunsch nach einem geordneten, kleinbürgerlichen Leben. Nicht unwichtig die Chance, Kinder zu bekommen ohne die Gefahr, im Job gefeuert zu werden.

Ich habe schnell gemerkt, dass ich unheimlich gern mit Kindern und Jugendlichen arbeite, auch wenn das jeder sagt und es platt klingt. Ich höre mich außerdem gern selbst reden und bin ein ziemlich geduldiger und aufgeschlossener Mensch. Schon im ersten Praktikum habe ich gemerkt, dass Lehrer definitiv mein Beruf ist. Ich bereue nichts.

Jungen Menschen etwas beibringen

Am Anfang meines Studiums wollte ich nur Englisch studieren, weil ich die Sprache so liebte. Ans Lehramt dachte ich noch nicht. Leider kann man nur mit Englisch nicht besonders viel machen. In die

Wirtschaft wollte ich nicht gehen, da mir Zahlen absolut nichts bedeuten. Übersetzerin kam auch nicht infrage, weil das Übersetzen von Fantasy-Büchern das einzige gewesen wäre, was mich interessiert hätte. Also beschloss ich erst einmal, auf Lehramt zu studieren. Dieses Studium würde mir später mehr Möglichkeiten bieten als der Magister. Als zweites Fach wählte ich Latein, weil es mein zweiter Leistungskurs in der Schule gewesen war und mir immer viel Spaß gemacht hatte.

Meine Liebe für das Lehren entdeckte ich dann während der beiden Schulpraktika. Es machte mir unglaublich Spaß, jungen Menschen etwas beizubringen.

Ich erkannte meine Fähigkeiten und Gefühle. Der Umgang mit den Schülern begeisterte mich. Ich bin eine gute Zuhörerin mit Einfühlungsvermögen und viel Empathie. Unendliche Geduld beim Erklären und ein variables Ausdrucksvermögen erleichtern mir den Kontakt zu den Kindern.

Einfluss auf Bildung nehmen

In der Einführungswoche im Studienseminar sollten wir uns Gedanken über mögliche Motive zur Berufswahl machen. 30 Referendare beschäftigten sich 15 Minuten lang in Gruppen mit der Frage „Warum eigentlich Lehrer?". Bei der anschließenden Präsentation fanden sich auf den Plakaten erstaunlicherweise bei allen Gruppen ähnliche Aspekte: Vermittlung von Bildung in der sogenannten „Wissensgesellschaft", Umgang mit Schülern und somit Lehren als soziale Tätigkeit, Sicherheit im Beruf und die finanziellen Chancen. Äußerst gleichförmig und wenig kreativ, wo es doch in der Schule auch um Persönlichkeitsbildung, Mündigkeit und die Ausbildung von individuellen Stärken geht.

Deshalb war ich zugegebenermaßen verblüfft, dass wir als Gruppe der Referendare solch einheitliche und absehbare Motive nannten. Mögliche andere Triebfedern hätte es ja gegeben:

- Das Schröder-Argument „Lehrer sind faule Säcke" endlich gesellschaftlich widerlegen;
- Aufbruch in eine neue Kultur des Lehrens;
- Verarbeitung der eigenen Schulkarriere (Wer hatte nicht furchtbare und pädagogisch abschreckende Lehrer?);
- Schüler dort abholen, wo sie stehen;
- den Generationenwandel an Schulen gestalten (Internet, neue Medien, Leben in der globalisierten Welt, etc.);
- PISA als Kritik an deutschen Lehrern entkräften;
- das Ziel als Lehrer, deutsche Schüler zukunftsfest zu machen.

Stattdessen:
- Bildung weitergeben
- Umgang mit jungen Menschen
- finanzielle Absicherung

Das schien mir als Zukunftsprogramm der Referendare etwas schlicht und unambitioniert zu sein. Wir kamen schließlich von den Universitäten, (hoffentlich) gut ausgebildet und voller Tatendrang, die theoretischen Mühen zu überwinden, um beruflich etwas zu bewegen. Von solcherlei Aufbruchstimmung war wenig zu spüren, vielmehr konnte man den Eindruck gewinnen, dass die Debatte um Lehrermangel und Verbeamtungschancen schon jetzt eine passive Haltung befördert hatte, hinein in den Job, Absicherung in gesellschaftlich schweren Zeiten, und ob es pädagogisch mit den Kleinen klappt, das könne man ja immer noch sehen.

Ich nehme mich dabei von der Haltung her nicht aus, da es bei mir keineswegs sicher war, ob ich das Referendariat absolvieren würde. Für das Lehramtsstudium hatte ich mich entschieden, da ein befreundeter Lehrer mir vom unsicheren Magisterstudium abgeraten hatte. So hätte ich zumindest ein festes Berufsbild vor Augen, mit dem ich vom ersten Semester an konfrontiert wurde, welches ich jedoch nicht sofort annehmen wollte. Skepsis war somit bei mir stets vorhanden, da der Beruf des Lehrers fernab von den Ferienklischees als anspruchsvoller daherkommt: Lange Arbeitszeiten, Stressphasen,

Umgang mit Disziplinproblemen, Lautstärketoleranz, Korrekturphasen, zuweilen gesellschaftliche Verachtung. All dies hatte ich von Lehrern zumindest schon einmal in Gesprächen gehört und wahrgenommen, 90 Prozent der Lehrer scheiden vor der offiziellen Altersgrenze aus dem Dienst aus. Das berufliche Paradies stellte ich mir anders vor.

An der Uni war die Ausbildung überwiegend fachlicher Natur, sodass ich mich mit den Fragen und Motiven zu meiner Berufswahl nicht durchgehend beschäftigen musste. In Pädagogikkursen und in den spärlichen Praktikumszeiten lernte ich allerdings andere Lehramtsstudenten kennen und konnte mir somit Gedanken machen über die Differenz in der Haltung, die ich spürte. Die Masse der Lehramtsstudenten, die ich erlebte, wollte mit einer Zielstrebigkeit Lehrer werden, die häufig zu pädagogischer Anmaßung führte, zu einer gelebten Haltung nämlich, von der Persönlichkeit her in der Schule bereits angekommen zu sein. Das Bewusstsein „Ich kann das schon und ich kann das gut" war oft spürbar bei den „überzeugten Lehramtsstudenten", wie ich sie nennen würde. Ich bin nach sechs Wochen Referendariat immer noch der Überzeugung, dass diese Haltung nicht unbedingt gesund ist, da aufmerksame Skepsis, Zurückhaltung und Neugier auf die bevorstehenden Aufgaben meines Erachtens die Wahrnehmung schärfen.

An der Schule achte ich auf das Lehrerverhalten, auf den Umgang mit Schülern, auf pädagogische Kniffe und Routine, da ich ein Ziel vor Augen habe: die Ausbildung einer gefestigten und authentischen Lehrerpersönlichkeit. Ein Überschuss an Selbstbewusstsein und falsch verstandenem Vertrauen in die pädagogischen Stärken kann meines Erachtens schnell zu Unaufmerksamkeit und Unbelehrbarkeit führen. Aber dies ist mir nach sechs Wochen Referendariat und der zuvor existierenden Unsicherheit sehr bewusst. Ich bin an der Schule, um etwas zu lernen, um etwas verwirklichen zu können. Ich will guten Unterricht machen. Ich will ein Vorbild sein. Das kann ich nach dem Studium noch nicht können.

Vielleicht erklärt dies die anfänglich aufgezeigte Spannung zwischen dem Bedürfnis nach pädagogischem Aufbruch und der erlebten Abgeklärtheit. Die jetzige „Generation Referendar" erscheint gesellschaftlich weichgespült, aufgewachsen in einem Wohlstandsumfeld, ohne direkte „Kriegserfahrung" in der Familie, ohne das Gespür für die großen gesellschaftlichen Fragen, wohl zudem in der Masse unpolitisch. In der Bildungspolitik geht es um Kompetenzen, Effizienz und die Messbarkeit von Bildung, die früher einen Wert an sich verkörperte. Diskussionen wirken heutzutage nicht ideell, sondern praktisch, zuweilen technisch, wenn es um „Bildung als wirtschaftliches Potenzial" geht.

Dies soll als Beschreibung der Referendare dienen und nicht als Wertung oder Abwertung missverstanden werden. Als Referendare sind wir an den Schulen, um von erfahrenen Lehrern zu lernen, um gewisse Verhaltensroutinen begründet zu überwinden und um so für Erneuerung zu sorgen. Die Lautstärke und Ambitioniertheit der Motive sind dabei meines Erachtens nicht entscheidend. Entscheidend ist das Verhalten im Klassenraum. Wenn wir einen Einfluss auf Bildung nehmen wollen, geschieht dies handelnd von unten und nicht debattierend von oben.

Und dieses Handeln sollte getragen werden von einer Sympathie für Schüler, einer Nähe zu Bildungsfragen und dem emotionalen Verständnis für die Entwicklung der Schüler zu Erwachsenen. Rhetorik, fachliches und methodisches Wissen kann man sich aneignen, aber Freude, Echtheit und das aufrichtige Interesse an der Sozialisation der Schüler sollte man als Referendar/Lehrer mitbringen. Es ist ein unabdingbarer Teil der Motivation, die Schüler im Klassenraum spüren und wahrnehmen. Neulich wollte ich bei einem Kollegen hospitieren und er erzählte mir, dass er mit seiner Klasse seinen Geburtstag feiere – mit Musik und Süßigkeiten. Dies sei wichtig, sagte er mir mit einem warmen Schmunzeln, für den *Kundenkontakt*. So technisch das Wort Kunde auch klingen mag, so herzlich und ehrlich war es gemeint. Er dachte neben Unterricht auch an die Beziehung zu seinen Schülern, und diese sympathischen und offenen Gedanken merkte man seinem Unterricht an.

Begleiter der Kinder sein

Ich möchte mich persönlich als offenen Menschen bezeichnen. In meiner Berufsentscheidung war mir die Arbeit mit Menschen sehr wichtig. Ein Begleiter der Kinder zu sein, ihre Entwicklung für eine Weile zu verfolgen und auch ein wenig prägen zu können, stelle ich mir als sehr erfüllend vor.

Auch würde ich gern später auf dem Lande arbeiten, was sich als Lehrer nicht allzu schwer realisieren ließe.

Etwas in der Welt bewegen

Ich möchte mit Kindern tolle Dinge erleben, von und mit ihnen lernen. Schön fände ich, wenn ich meinen Schülern von dem, was mir wichtig ist, etwas mitgeben könnte. Als Lehrerin kann ich den Schulalltag mitgestalten und interessanter machen. Ich möchte den Kindern eine schöne Schulzeit und Freude am Lernen bereiten.

Es war immer mein Wunsch, etwas in der Welt zu bewegen. Kinder sind für mich noch ungeformt, nicht gesellschaftlich verdorben, haben Spaß am Leben. Was kann ich tun, um dieses reine Sein auch weiter zu fördern?

Ich weiß, dass ich als Lehrerin geeignet bin, denn ich strahle Autorität aus. Ich habe auch Freude am Vorbereiten meines Unterrichts. Es macht mir Spaß, mit Kindern zusammen zu sein. Durch diesen Beruf lerne ich mich selbst besser kennen. Heute ist es eine Herausforderung, Lehrerin zu sein. Ich habe das Gefühl, dass es einer der wichtigsten Berufe überhaupt ist.

II.

Zwischen Studium und Referendariat

Intermezzo

Das Studium ist beendet. Eine Schule für den Vorbereitungsdienst wurde Ihnen zugewiesen. – Yeahhh!

Die meisten werden nun erst einmal kräftig durchatmen. Ein Gefühl von „geschafft" oder auch verdientem Stolz sollte sich einstellen. Die erste Etappe auf Ihrem Weg ins Lehramt haben Sie erfolgreich hinter sich gebracht.

Für manche ist der Schritt in die anschließende zweite Phase mit einem Umzug vom Studienort zum Schulort verbunden. Für einige bedeutet der Vorbereitungsdienst auch zum ersten Mal wirtschaftliche Selbstständigkeit. Von Unabhängigkeit wollen wir bei ca. 1000 Euro minus privater Krankenversicherung lieber nicht sprechen. Ein Grund, warum einige für den Anfang das Wohnen in einer WG dem Anmieten eigenen Wohnraums vorziehen. Auch Familienplanung wird kaum jemand freiwillig in diese Zeit legen. Die Belastung ist einfach zu groß. Wohl denen, die privat gut eingebunden sind und in aller „Ruhe" in die zweite Phase starten können.

Aufbruch

Kartons über Kartons stapeln sich an den Wänden meines Zimmers. Auseinandergebaute Regale und übereinander gestapelte Möbel verengen den Raum zu einem schmalen Durchgangsweg. Der Auszug steht kurz bevor. Ich verlasse die Studentenstadt Göttingen, die für die sechs Jahre meines Studiums wie eine Heimat für mich geworden ist.

Ich ziehe in ein 20.000-Einwohner-Städtchen im Speckgürtel von Hannover, um dort mein Referendariat zu absolvieren. Am 1. Mai beginnt mein Vorbereitungsdienst an einem Gymnasium.

Das bedeutet zum ersten Mal in meinem Leben wirkliche finanzielle Unabhängigkeit und eine eigene Wohnung. Das bedeutet jedoch auch eine sicherlich nicht einfache Zeit als Referendar.

Der formale Aufwand, um an einen Referendariatsplatz zu kommen, war gering und nicht zu vergleichen mit dem Stress von Kommilitonen, denen als Magisterstudenten meist ein regelrechter Bewerbungsmarathon bevorstand.

Zunächst musste ich einen Lebenslauf, eine beglaubigte Geburtsurkunde, Zivildienstbescheinigung sowie das Zeugnis des 1. Staatsexamens einreichen. Dann bekam ich meinen Seminarort zugewiesen. Seminarort meint den Standort des Studienseminars, das das Referendariat koordiniert, einen Prüfer stellt, und an dem parallel zum Schuldienst Seminare in Erziehungswissenschaften und den entsprechenden Unterrichtsfächern zu besuchen sind.

Unmittelbar nach Bekanntgabe des Seminarortes musste ich ein Abiturzeugnis, ein polizeiliches Führungszeugnis und eine Erste-Hilfe-Bescheinigung vorlegen. Zeitgleich konnte ich mir über die Homepage die Ausbildungsschulen anschauen, mit dem Seminar Kontakt aufnehmen und zwei „Präferenzschulen" angeben. Nach weiteren drei Wochen wurde mir mitgeteilt, dass meine „Erstwahl" auch tatsächlich meine Ausbildungsschule geworden ist.

Man kennt die Berichte und Stimmungen der Kommilitoninnen und Kommilitonen sowie der Bekannten, die bereits im Referendariat sind. Dabei dominieren in Studentenkreisen mit Abstand die negativen. So konnte ich von Referendaren hören, die selbst mit besten Notenschnitten keinen Platz bekommen haben, die das „REF" frühzeitig abgebrochen haben oder in ihren Lehrproben einen schlechten Tag, schlechtgelaunte Prüfer oder Schüler erwischt haben und ihr 2. Staatsexamen daher nur mit Ach und Krach oder gar nicht abschließen konnten. Das Scheitern in der praktischen Lehramtsausbildung als Referendar ist weitaus häufiger als allgemein vermutet.

Überhaupt die Lehrproben: Das Referendariat kumuliert gewissermaßen in diesen zwei Unterrichtsstunden, die all das enthalten müssen, was (nach Ansicht der Prüfer) guten Unterricht ausmachen sollte. Dieses ist im Detail von Prüfer zu Prüfer unterschiedlich, doch gehören die pädagogischen Essentials „Binnendifferenzierung", „offener Unterricht" und „vielfache Methodenwechsel" ebenso dazu wie ausgezeichnete Fachkenntnisse, gute pädagogische Fertigkeiten und didaktische Routine.

Um all diese Merkmale guten Unterrichts aufweisen zu können, bedarf es einer pädagogischen, fachlichen als auch persönlichen Entwicklung, die der Referendar zuvor durchmachen sollte. Dazu kommt, dass das reflektierte, veränderungsorientierte Arbeiten an der eigenen Persönlichkeit nach meiner Auffassung für den Menschen eine der schwersten Aufgaben überhaupt ist.

Beim weiteren Einpacken meiner Siebensachen gehen mir wieder und wieder Fragen durch den Kopf: Was wird das für eine Schule sein, an der ich arbeiten werde? Wie sind die Mitreferendare, mit denen ich in einem Durchgang bin? Wie werden die Schüler sein? Überhaupt: Wie kann ich mich ihnen gegenüber verhalten, nachdem ich in diesen sechs Jahren des Studiums nur zu selten wirkliche Möglichkeiten hatte, mein Verhalten zu dem eigentlichen Gegenstand des Unterrichtens – den Schülern – leben zu können.

Ich verstaue meine Bücher in Kisten und nehme mir vor, erstmal nicht weiter über bevorstehende Schwierigkeiten nachzudenken. Irgendwie freue ich mich auch auf diese Zeit. Ich bin froh, dass es nun weitergeht. Das Studium ist zu Ende. Ich gehe wieder zur Schule – stehe nun auf der anderen Seite und bin gespannt, was mich in der kommenden Zeit erwartet.

Umzug

Ich musste von meinem Studienort Jena in Thüringen wegziehen, um überhaupt eine Referendariatsstelle zu bekommen. Bundesländer im Osten hatten keine Plätze zu vergeben. Das hat sich auch leider bis heute nicht geändert. Ich bin mit Mann und Kind umgezogen, hatte also keine Ängste auszustehen, dass ich einsam sein würde. Nach zwei Monaten war mein Mann gegangen. Ich stand allein mit dem Kind da und hatte hier weder Freunde noch Familie. Ohne soziales Netzwerk und Menschen vor Ort, aber vor allem ohne die Tagesmutter hätte ich das nicht geschafft. Das Studienseminar hat zwar Hilfe angeboten, aber an der Situation konnte man ja nichts ändern. Den „sozialen Puffer", wie man ihn hier im Seminar nannte, der so wichtig war, um den Stress zu bewältigen, hatte ich leider nicht. Das endete damit, dass ich schon vor Beginn des Referendariats völlig am Ende war. Nach der Trennung von meinem Mann wollte ich nicht abbrechen. Wahrscheinlich war ich einfach zu stolz. Ich habe gedacht, ich könnte mich durch das Referendariat ablenken und ich hatte ja auch keine andere Wahl als weiterzumachen. Zurückgehen zu meinen Eltern kam nicht infrage. Was hätte ich denn dort gemacht? Ich hätte mich auf meine Familie verlassen und wahrscheinlich nur auf der Couch gesessen und geweint. Außerdem hatte ich das Kind, das möglichst einen geregelten Alltag haben sollte. Man will sich ja schließlich nicht gehen lassen und den ganzen Tag selbst bemitleiden. Also Augen zu und durch!

III.

Auf den richtigen Auftritt kommt es an

Der erste Eindruck

Sie kommen zum ersten Mal in Ihre Klasse. In wenigen Augenblicken haben sich Ihre Schüler ein Bild von Ihnen gemacht. Ihre Sprache, Ihre Körperhaltung und Ihre Kleidung sind die Signale, an denen sie dieses Bild festmachen.

Jetzt entscheidet sich, ob Sie vom ersten Moment an Akzeptanz erlangen oder ein Monate langer, zermürbender Kampf um Autorität beginnt.

Wie betreten Sie den Klassenraum? Ihre Schüler spüren genau, ob Sie das Zeug zum „Chef" haben oder ein „Opfer" sind. Ihre Körperhaltung spiegelt Ihr Befinden. Deswegen haben es die Referendare am leichtesten, die sich in ihrer Haut wohl fühlen.

Wahrscheinlich wird Ihr Mentor (Anleiter) Sie am ersten Tag begleiten und Sie auch vorstellen. Den Schülern wird deutlich, dass Sie Anfänger sind. Darum machen Sie genau diesen Umstand zum Thema Ihrer ersten kurzen Ansprache. Erklären Sie, dass Sie sich darauf freuen, die nächsten Monate gemeinsam mit dieser Klasse arbeiten zu können. Erklären Sie, dass ein Referendar jemand ist, der lernt, Lehrer zu werden. Machen Sie deutlich, dass Sie sich über die Hilfe der Klasse in Form guter Mitarbeit freuen. Regen Sie an, dass die Schüler durch vernünftige Kritik ihr gemeinsames Lernen verbessern können.

Geben Sie Acht, dass Sie nicht hilfsbedürftig wirken. Machen Sie sich nicht klein. Die Jugendlichen werden die Rollenverteilung verstehen. Ob Sie die Grenzen einhalten, wird von Ihrem Geschick zu führen abhängen. Obwohl Sie feststellen werden, dass Lehrer auch gute Schauspieler sein müssen, bleiben Sie möglichst authentisch.

Studentenlook ade

„Das sind ja megageile Beine! – Woher hat Bea* dieses neongrüne Fähnchen von einem Minikleid?" An einem warmen Maitag belagern die Studenten den Brunnen. Vor lauter bunten Farbtupfern ist das Bauwerk kaum zu sehen. Die jungen Leute hocken in Trauben auf den Stufen. Selbstdarstellung ist ein Must auf dem Campus. Diesen Sommer ist für die Mädels wieder Mini angesagt. Sehr zur Freude von einigen männlichen Kommilitonen.

Eine Kleiderordnung gibt es an Universitäten nicht. Dennoch lassen sich im bunten Treiben des Campus viele Studenten aufgrund ihrer Kleidung ihrer Fachrichtung zuordnen.

BWLer kleiden sich ähnlich wie Juristen, häufig trendorientiert, klassisch und konservativ. Kunststudenten erkennt man an kreativem Styling, das häufig extrem gegen den aktuellen Trend geht, oder an Kleidung in fröhlichem Schwarz.

Unter Pädagogikstudenten finden sich seit Jahrzehnten, mehr als in anderen Fakultäten, neben den Trendorientierten auch sogenannte Ökotypen, graue Mäuse und Tattoo-Piercing-Anhänger. Woran das liegt, ist bisher unerforscht.

Spätestens mit dem Eintritt in das Referendariat sollten sich Lehramtskandidaten bewusst um ihre Garderobe und ihr Äußeres kümmern. Als Lehrer müssen Sie ein glaubhaftes Vorbild sein. Immer mehr Elternhäuser erfüllen diese Vorbildfunktion nicht. Schüler müssen aber lernen, wie man sich situationsgemäß richtig kleidet. Sie müssen erkennen, dass die Schule ihr Arbeitsplatz ist, an dem Discoklamotten und freizügige Kleidung unpassend sind. Sie müssen lernen, wie man sich zu Bewerbungsgesprächen anzieht. Manchem Referendar mag das nicht einleuchten, zumal dann nicht, wenn er selbst nie in der freien Wirtschaft tätig war. Der Werdegang zahlreicher Lehrer geht noch immer von der Schule in die Universität und von der Universität wieder in die Schule. Deshalb sollten Sie sich über Kleiderordnungen informieren. Lehrer geben Schülern das Rüstzeug, das sie brauchen, um in der Arbeitswelt ihren Platz zu finden.

Der Arbeitsplatz Schule erfordert deshalb mehr als jeder andere ein Gespür für angemessene Kleidung und passendes Styling.

Wenn Sie Sportlehrer werden und häufig in Sportkleidung stecken, sollten Sie daran denken, dass der Trainingsanzug und das Muskel-Shirt nicht in den Klassenraum gehören.

Hat es Ihnen als Studentin gefallen, Ihren Bauch zwischen kurzen Shirts und Hüfthosen zu zeigen, benötigen Sie nun eine Garderobe, die Ihre Blöße bedeckt.

Ist die Fläche freier Haut zwischen den Tattoos auf Ihrem Körper klein geworden, sollten Sie sich bemühen, Kleidung zu finden, die Ihre ganz persönlichen Ideen von Körperschmuck verbirgt. Extremer Schmuck oder tiefe Dekolletés verbieten sich im Schulalltag genauso wie Trash-Look und eingerissene Hosen.

Sollten Sie überzeugter Punk sein und Ihr Haar gern passend zur Garderobe pink oder hellblau-gelb gestreift tragen, ringen Sie sich unter der Woche zu einer normalen Haarfarbe durch. Ihr extremer Haarschnitt lässt sich während der Unterrichtszeit sicher zu einer tragbaren Frisur bändigen. Auch Ihre Kleidung sollte auf die punktypische Selbstdarstellung verzichten.

In der Schule kommt es auf andere Werte an. Sie als Referendar vertreten hier die Erwachsenenwelt, auch wenn Sie vielleicht nur zehn Jahre älter als die Neuntklässler sind. Ihr Ziel muss es sein, Ihren Schülern neben fachlichen Inhalten Achtung, Toleranz und soziales Verhalten zu vermitteln. Selbstdarstellung ist nicht mit individueller Entfaltung zu verwechseln und geht häufig zu Lasten anderer. Sie lenkt zudem gern vom Unterricht ab.

Auch wenn Sie als Referendar wenig Wert auf Kleidung legen oder finanziell knapp dran sind, sollten Sie dennoch darauf achten, dass Sie täglich die Garderobe wechseln und nicht mit dem schlabberigen Sweatshirt von zu Hause in den Dienst gehen.

Sollten Sie sich als Referendarin trendy und preiswert kleiden, bedenken Sie, dass auch Ihre Schülerinnen bei H&M einkaufen.

Sie sind nicht eine von ihnen. Das muss auch durch die Garderobe deutlich werden, die Sie in der Schule tragen.

Unkommunikative Frisur

Ich habe mich für das Referendariat komplett neu eingekleidet, bevorzugt mit Bluse und V-Ausschnitt-Pullover. In der Uni galt ja der Leitspruch „je auffallender, desto besser". Jetzt hieß es, den teilweise nicht sehr großen Altersunterschied zu den Schülern durch professionelles Auftreten zu verbergen und Intellekt zu heucheln. Je fortgeschrittener das Referendariat war, desto mehr Fauxpas habe ich mir bewusst geleistet. Zur WM trug ich z.B. ein Deutschland-Shirt und enge Jeans. Man ist ja auch eine Frau, nicht nur ein Lehrroboter, nicht wahr?

Teilweise lassen Seminarleiter ihre Kritik an Referendaren auf ganz eigene Art ab. Einer Kollegin legte man nahe, ihre „unkommunikative" Frisur zu ändern. Die unkommunikative Frisur war ein kinnlanger Schnitt mit Pony, der wohl häufig ins Gesicht fiel.

Rat willkommen

Zur Zeit meines Referendariats an einer Haupt- und Realschule war ich schon über 40 Jahre alt. Ich kleide mich gern sachlich. Herrenhemden gefallen mir besser als Damenbekleidung. Einen BH zu tragen lehne ich ab. Dass ich für eine Frau etwas maskulin wirke, ist mir klar. Dennoch überraschte mich die distanzlose Unverschämtheit einer Schülerin. Während des Biologieunterrichtes eröffnete sie mir: „Eine, die nicht mal einen BH trägt, kann ich gar nicht ernst nehmen." Ich war verblüfft und habe nicht darauf reagiert. Im Nachgespräch legte mir meine Mentorin nahe, doch wenigstens ein Bustier zu tragen. Wir hätten es eben mit sehr schlichten Schülern zu tun, deren Distanzlosigkeit häufig mit Intoleranz gepaart sei. Ich habe diesen Rat befolgt, weil ich einsah, dass sie recht hatte.

Geil!

Zu Beginn meines Referendariats war ich, was die Kleiderfrage anging, wohl zu unbedacht. Aufgrund sommerlicher Temperaturen trug ich leichte Kleider und hohe Schuhe. Manche Stoffe mögen auch ein wenig durchsichtig gewesen sein. Dass das besonders die Jungen zu anzüglichen Bemerkungen und Gesten bewegte, habe ich erst registriert, als eine ältere Kollegin mich zur Seite nahm. Von da ab achtete ich morgens sehr genau darauf, dass meine Schulkleidung nicht zu aufreizend, sondern eher schlicht ausfiel. Ich hatte den Schritt von der Uni in die Schule ganz einfach nicht realisiert und war dankbar für den Rat einer erfahrenen Lehrkraft.

Anpassen – oder?

So banal die Frage nach Kleidung auch erscheint, so sehr hat sie bei mir zu Kopfzerbrechen und Unsicherheit geführt. Sollte ich mich am ersten Tag eher unauffällig oder schick anziehen? Waren saubere Turnschuhe angemessen? Musste es ein Oberhemd sein?

Lehrer gelten als diejenige Berufsgruppe, die sich am schlechtesten kleidet. Ihr ästhetisches Gebaren hat keinerlei Konsequenzen. Ganz anders bei dem Banker, der am ersten Tag mit Jeans erscheint und Kopfschütteln erntet oder sanft, aber bestimmt, darauf hingewiesen wird, dass seine Frisur nicht den optischen Anforderungen und der Seriosität des Hauses entspricht. Da aber auch Lehrer Tag für Tag mit Schülern in Kontakt stehen und da Vermittlungsprozesse in der Schule stark von der jeweiligen Person abhängen, die sich vorne im Klassenraum präsentiert, hat die Frage nach der Optik durchaus ihre Berechtigung.

Die meisten Referendare im Seminar geben sich Mühe und kleiden sich mit dem Bewusstsein, dass der optische Eindruck in der Schule wichtig ist. Eine Kleiderordnung gibt es aber nicht. In unserem Lehrerzimmer findet sich das gesamte Repertoire modischer Gewagtheiten. Einen Anzug trägt in der Regel nur der Schulleiter.

Lehrer wählen oft Hemden, die jüngere Kollegen auch schon einmal locker aus der Hose hängen lassen. Jacketts sieht man selten, dafür Pullover und T-Shirts umso mehr.

An der Uni riet uns eine Dozentin, keine Dinge zu tragen, mit denen wir uns nicht wohlfühlen. Authentisch statt schick, das könnte ein Motto für die Schule sein.

Authentisch bedeutet dabei aber nicht, dass man Schüler mit Badelatschen, Sandalen oder kurzen Hosen schockt. Die Schule ist ein Arbeitsplatz und im schulischen Umfeld mit hohem körperlichem Einsatz sollte nicht unterschätzt werden, wie wichtig Optik, Gestik und Mimik sind. Eine angemessene Kleidung wird dabei zum Teil der Persönlichkeit, die von den Schülern wahrgenommen wird.

Ich habe vor dem Referendariat einige Hemden, neue Jeans und dezente Turnschuhe eingekauft, da ich mich in diesen wohler fühle als in festen Schuhen. Die Quittung erhielt ich prompt am ersten Tag. Auf dem Gang fragte mich eine Lehrkraft, ob sie mir helfen könne. Sie habe gleich die Turnschuhe gesehen und sich gedacht, das könne kein Lehrer sein. – Aber warum eigentlich nicht? Schüler merken gewiss, wenn man sich optisch anbiedert und zu sehr der Jugendwelt entsprechen möchte. Aber Turnschuhe, Blue Jeans oder T-Shirts sind bestimmt keine originären Kleidungsstücke, die nur Schülern vorbehalten sind.

Als neuer Referendar liegt man nie daneben, wenn man sich im Rahmen der Schulerwartungen bewegt.

Zebraalarm

An einem heißen Sommertag war ich stolz darauf, trotz heißem Wetter angemessen in cremefarbener Bluse und knielangem Rock gekleidet zu sein. Das hielt bis zur fünften Stunde an. Eine Schülerin meldete sich und bemerkte kichernd vor der ganzen Klasse: „Miss, man sieht Ihren Zebra-BH durch die Bluse durch!"

Man muss immer bedenken: Kinder starren im Idealfall immer zum Lehrer. Und sie sehen alles!

Werkzeugkiste Sprache

„Ey, lass Pausenhalle geh'n!" – Solche Formulierungen entstehen bei Jugendlichen aus Überforderung oder schlicht aus zeitökonomischen Gründen. Aus Mangel an Vorbildern etablieren sich bei Kindern Sprechgewohnheiten, die nicht nur aktuelle Modewörter strapazieren, sondern Satzteile weglassen oder die Fälle ignorieren. „Kann ich Herr Meyer sprechen? Ich muss ihn mein Heft geben." Solche Formulierungen hört man als Lehrer immer wieder und offenbar sind sie gegen Korrektur immun.

Nicht immer ist es so eindeutig, was Jugendsprache bedeutet. Eine Begebenheit, die Gabriele Frydrych, Lehrerin und Autorin in Berlin, beschreibt, ist vielen Kollegen vertraut: Die Referendarin stellt einen Schüler vor dem Schulparkplatz zur Rede, weil er raucht. Völlig unaufgeregt kontert der junge Mann: „Ich bin Alexander von Humboldt." Wortlos räumt die junge Lehrerin das Feld. – Sie halten den Schüler für unverschämt? Sie denken, die Referendarin hätte sich durchsetzen müssen?

Der Raucher ist von der Nachbarschule, die sich mit der Realschule Hof und Parkplatz teilt. Die volljährigen Schüler des Alexander von Humboldt-Gymnasiums dürfen vor dem Parkplatz rauchen.

Spätestens bei Eintritt in den Vorbereitungsdienst werden Referendare feststellen, dass es mit der Sprachkultur vieler Schüler nicht zum Besten steht.

Manche Eltern sprechen sehr wenig mit ihren Kindern. In solchen Familien wird auch selten vorgelesen. Sprache kann sich nicht einschleifen. Die Kinder finden deshalb ihre Sprachvorbilder unter ihresgleichen auf der Straße.

Wie gehen Sie damit um?

Sprechen Sie Ihre gewohnte Sprache. Verzichten Sie jedoch möglichst auf Fremdwörter und komplizierte Satzgefüge. Biedern Sie sich keinesfalls bei Ihren Schülern durch das Benutzen ihres Jargons an.

Wenn Sie den Kulturschock überwunden haben, speichern Sie den Wortschatz Ihrer Schüler. Sammeln Sie Ausdrücke und legen Sie sich einen sprachlichen Werkzeugkasten an. Im Ernstfall kann es Ihnen von Nutzen sein, sich aus diesem Fundus zu bedienen.

Meine zweite Stelle trat ich als Klassenlehrerin einer achten Hauptschulklasse in einem sogenannten Problemstadtteil an. Vom ersten Moment an musste klar sein, wer der „Boss" war. – Es kann nur einen geben. – Ich scheute mich nicht, in disziplinarischen Ernstfällen den Deckel meiner Sprachkiste weit zu öffnen. Meine Ansprache war zuweilen um einiges derber als die der Schüler. Das hat mir als junger Lehrerin den Respekt eingebracht, den ich als Boss brauchte.

Auch Referendare müssen führen. Behalten Sie sich diese Sprach-Werkzeuge bitte für spezielle Situationen vor, denn bei inflationärem Einsatz verlieren sie ihre Wirkung.

Die Stimme

Ines* verdient ihr Geld am Telefon. Sie gehört zu den Topverdienern ihrer Agentur, denn sie versteht es hervorragend, den für diesen Job nötigen lockenden Ton in ihre leicht rauchige Stimme zu legen. Damit weckt sie bei den Anrufern Erwartungen und zielführende Fantasien.

Dass Ines dabei einen schlabberigen Jogginganzug trägt und ihre Wäsche bügelt, hört ja keiner.

Nicht immer passt das Bild, das uns die Stimme eines Menschen vermittelt, zur Realität. Ihre Realität als Referendar ist die tägliche Begegnung mit Schülern, Lehrern und Eltern. Nicht nur Ihr äußeres Erscheinungsbild ist dabei von Bedeutung, sondern in besonderem Maße auch Ihre Stimme. Wenn Sie Ihre eigene Stimme mögen, stärkt das Ihr Auftreten. Menschen, die ihre Stimme nicht mögen, wirken häufig unsicher. Manche versuchen diese Unsicherheit durch eine aufgesetzte Sprechweise zu kompensieren. Das dürften Sie im Schulalltag jedoch nur schwer durchhalten. Die Stimme ist für Lehrer eines der wichtigsten Werkzeuge. Im Idealfall ist die Sprechstimme tiefer, als man eigentlich spricht.

Es leuchtet ein, dass Sie als angehender Lehrer eine saubere Aussprache und eine angemessene Intonation beherrschen müssen. Ihre Stimme ist Teil Ihres Werkzeugkastens. Davon, wie vielseitig und geschickt Sie dieses Werkzeug einsetzen, hängt das Bild ab, das andere – vor allem die Schüler – sich von Ihnen machen.

Obwohl Sie sich als Referendar über Langeweile wahrscheinlich nicht beklagen können, kann es hilfreich sein, gegenseitig Unterrichtsstunden mit einem Diktiergerät aufzuzeichnen. Sie können die Aufnahmen gemeinsam überprüfen:

Wie steht es mit der Dynamik Ihrer Stimme?

Nutzen Sie die Möglichkeit durch einen Wechsel von „laut" zu „leise" Ihre Zuhörer zu fesseln?

Bringen Sie Spannung in Ihre Stimme durch Modulation in der Stimmhöhe? Oder sprechen Sie zu monoton?

Durch eine monotone Stimme wird der interessanteste Inhalt langweilig. Der trockenste Inhalt wird spannend durch die Kunst des begnadeten Sprechers.

Vielleicht holen Sie sich Unterstützung bei einem professionellen Sprechtrainer. Falscher Einsatz der Stimme kann Ihnen auf Dauer zu regelmäßigen Fehlzeiten im Dienst verhelfen, wenn Ihnen durch Überstrapazierung Ihrer Stimmbänder die Töne fehlen.

Die Ausbildung der Stimme und Atmung sollte überall Teil der Lehrerausbildung sein.

Angst kann man sehen

„Kommt heute wieder dieser Schwitzer?" Distanzlos wie leider häufig fragt Tobias* nach dem Referendar der 8. Klasse. Die Englischstunden sind für einige Schüler neuerdings ein Fest. Sie genießen es, Herrn Müller*, ihren neuen Referendar, zu brüskieren. Persönliche Fragen und fachfremde Einwürfe bringen den jungen Lehrer regelmäßig aus dem Konzept. Schon nach kürzester Zeit erscheinen riesige Schwitzflecken auf seinem Hemd. Dann tuscheln sie und unüberhörbares Gekicher bricht los.

Schauspieler mit Lampenfieber kennen den Trick, wie man den Vortrag mit einem ehrlichen, für sich einnehmenden Schmunzeln beginnt. Aber angehende Lehrer sind keine Schauspieler. Sie stehen vor 20–30 Schülern, die nicht ihre Schüler sind. Sie haben sie nur leihweise, für die Zeit des Referendariats, zur Verfügung. Referendare sind zu Beginn meist noch unsicher und haben damit zu tun, ihre Unterrichtsplanungen umzusetzen. An Show können die wenigsten denken.

Leider funktioniert auch der Trick mancher Vortragender, sich seine Zuhörer in peinlicher Bekleidung vorzustellen, nicht, wenn Sie als Lehrer das erste Mal vor einer unruhigen „Meute" pubertierender Schüler stehen. Wenn die Schüler sehen, dass Ihnen der Angstschweiß auf der Stirn steht, ist es zu spät. Wenn Marvin* aus der letzten Reihe Ihnen dann noch zuruft: „Sind Sie schwul?", brauchen Sie sehr viel Spontaneität und Souveränität, um ohne Luft zu holen die Frage zurückzugeben: „Und wie steht's mit dir?" Wenn Sie diese Spontaneität nicht haben, so schnell und ohne lange nachzudenken richtig zu reagieren, versuchen Sie lieber, von Beginn an der Agierende zu sein.

Wenn Sie zum Schwitzen neigen und sich das nicht regulieren lässt, tragen Sie in der Schule am besten nur dunkle T-Shirts oder Hemden. Darauf fallen feuchte Flecken weniger auf.

Ihre Angst können Sie dadurch mindern, dass Sie den Weg nach vorn antreten. Sagen Sie Ihrer Klasse, dass Sie noch unsicher sind und dass Sie hoffen, dass Sie gemeinsam diese erste Zeit gut überstehen werden.

Langfristig werden Ihre Schüler – auch diese geliehenen – Ihnen nur dann folgen, wenn Sie interessanten Unterricht machen, ob Sie nun schwitzen oder nicht.

IV.

Wie kann man den Referendars-Alltag bewältigen?

Der Start

Examensnote 2,5. Schade. – In vergangenen Jahren war es schwer, ohne ein Superexamen eine Stelle als Referendar zu finden. Wer sein Studium nicht mit Eins-Komma-Irgendwas abgeschlossen oder zumindest Mangelfächer studiert hatte, musste lange Wartezeiten in Kauf nehmen, bevor er in den Vorbereitungsdienst aufgenommen wurde. Und auch dann begann mancher Lehramtskandidat mit Frist- oder Zeitverträgen. Diese endeten in zahlreichen Bundesländern vor den Ferien und wurden erst nach den Ferien verlängert. So sparte das Land viel Geld. Junge Lehrer wussten nicht, wie sie sich über Wasser halten sollten. Nicht wenige Kandidaten wanderten in andere Berufe ab, weil sie diese Abhängigkeit vom Staat nicht ertrugen oder eine solche Behandlung schlicht menschenunwürdig und unangemessen fanden.

Inzwischen sieht das anders aus. Zwischen 2010 und 2015, wenn die Hälfte der bundesdeutschen Lehrer in den Ruhestand geht, ist nicht gesichert, dass ausreichend Nachwuchs zur Verfügung steht. Mangelfächer sind nicht mehr allein die Naturwissenschaften. An vielen Schulen fehlen heute auch Französisch-, Latein- und Spanischlehrer. Die Behörde prüft zurzeit jeden Antrag von Lehrern auf Teilzeit haargenau. In Mangelfächern wird um einzelne Stunden gefeilscht, um drohenden Unterrichtsausfall zu vermeiden. Der Wettbewerb zwischen den Ländern um die jungen Lehrer gestaltet sich wegen der steigenden Pensionierungszahlen zunehmend härter. Für Niedersachsen kommt erschwerend hinzu, dass Lehrer hier weniger verdienen. Junge Lehrer sind heute auch nicht mehr bereit, in jeder Region zu arbeiten, was für ein Flächenland durchaus zum Problem werden kann. So müssen besonders in naturwissenschaftlichen Fächern immer mehr Quereinsteiger eingestellt werden.

Sprung ins kalte Wasser

Ich darf mich nun „Stud. Ref." nennen. Am ersten Tag dieser ersten Woche des Referendariats fand die offizielle Vereidigung im Studienseminar statt. Im Kreis stehend und die rechte Hand erhoben, wiederholte meine Gruppe die Worte der Seminarleiterin: „Ich schwöre, dass ich, getreu den Grundsätzen des republikanischen, demokratischen und sozialen Rechtsstaates, meine Kraft dem Volke und dem Lande widmen, das Grundgesetz für die Bundesrepublik Deutschland und die Niedersächsische Verfassung wahren und verteidigen, in Gehorsam gegen die Gesetze meine Amtspflichten gewissenhaft erfüllen und Gerechtigkeit gegenüber jedermann üben werde." Ein unglaublich langer Satz. Das finale „So wahr mir Gott helfe" konnte man nach Belieben mitsprechen. Die Stimmung war feierlich, unsere Augen glänzten. Ich dachte an das Gefühl in der Kirche während des gemeinsamen Vaterunsers, nur war dieser Eid persönlicher, berührender, existenzieller. Nach diesen Worten waren wir Staatsexaminierte nun vereidigt und durften uns als „Beamtenanwärter auf Widerruf" bezeichnen.

Bereits im Ton des im Vorfeld erhaltenen Programms der ersten Woche wirkte die Formulierung „gemeinsames Nachdenken" auf mich sehr positiv. Der sympathische Voreindruck des Seminars wurde an diesen ersten Tagen nur bestätigt. Die Fachleiter sind zwar streng, doch sehr nett.

Zwei Bestandteile waren in der ersten Woche sehr bedeutsam – das Kennenlernen der Schule, der Schüler und einzelner Klassen sowie das Einfinden im Kollegium. Das Kollegium „meiner" Schule ist in den letzten Jahren sehr verjüngt worden. Gerade diese Junglehrer sind mir gegenüber sehr offen und bieten mir bereits zu Anfang an, in ihrem Unterricht zu hospitieren und gerne auch mal Stunden zu übernehmen. Solche bereitwilligen Angebote sind keine Selbstverständlichkeit. Im Seminar wurde uns noch gesagt, dass wir uns hartnäckig gegenüber ausweichenden Lehrerreaktionen verhalten sollen. Häufig sind hier die Standardantworten: „Das lohnt sich bei mir nicht." oder „Ich habe heute eigentlich nichts Besonderes vorbereitet."

Ich habe die Erfahrung gemacht, dass es von Beginn an sehr sinnvoll für das Einleben in der Schule und dem Kollegium ist, Veranstaltungen wie Schulaufführungen, Konzerte, Musicals, ebenso von den Lehrern organisierte Grillfeiern und nicht zuletzt auch den Abi-Ball der Schule zu besuchen. Hier kann man außerhalb des Schulstresses zusammenkommen und die Möglichkeit nutzen, mit Lehrern einmal länger als für die Dauer einer großen Pause ins Gespräch zu kommen.

Trotz aller Erschwernisse, die ein auf 1 ½ Jahre zeitlich beschränktes Referendariat mit sich bringt, gibt es von Mai bis zum Beginn der Sommerferien im Juni eine Art Schonfrist, in der es darum geht, Schüler und Klassen, klassenspezifische Inhalte und schließlich und endlich auch die Lehrer kennenzulernen, die man sich als potenzielle Mentoren für das kommende Schuljahr vorstellen könnte. Dieses Privileg ist leider denjenigen nicht vergönnt, die unmittelbar zu Halbjahresbeginn ihr Referendariat beginnen. Denn diese Kollegen werden direkt in das eiskalte Wasser von zehn eigenverantwortlichen Unterrichtsstunden pro Woche und zusätzlichen Ausbildungsunterrichtsstunden geworfen. Dabei bleibt logischerweise keine Zeit, die Lehrer und Klassen selbst kennenlernen oder auswählen zu können. Diese werden vielmehr direkt zugeteilt.

Ich kann mich nicht zerreißen

Referendarinnen, die an zwei verschiedenen Schulen ihr Referendariat in Hamburg machen, wählen eine Schule als ihre Hauptausbildungsschule aus.

Meine Wahl fiel auf eine Grundschule, an der ich schon Projekte starten konnte und wo ich die Möglichkeit für mich sah, offenen Unterricht zu gestalten. Das heißt, dass ich an allen Festen und Feierlichkeiten sowie Elternabenden und Konferenzen an dieser Schule teilnehmen werde.

Hier läuft es von Anfang an sehr gut. Ich habe in der Startphase, vor den Sommerferien, schon ein Thema im Sachunterricht übernommen. In dieser Klasse werde ich nach den Sommerferien auch in der Kernphase unterrichten. Die Kinder lernen notwendige Rituale, selbstständiges Arbeiten, individualisierte Lernformen, viele Methoden, die, wie mich das LI (Landesinstitut für Lehrerbildung und Schulentwicklung in Hamburg) lehrt, Methoden der Zukunft sind.

Weiter habe ich in der Grundschule ein Tanzprojekt gestartet: „Der kleine Löwe kommt zur Schule". Mit diesem Theaterstück werden nach den Sommerferien die ersten Klassen begrüßt.

Meine zweite Schule ist eine Haupt- und Realschule. Hier habe ich Schwierigkeiten, Fuß zu fassen. Natürlich spielen auch Alter und Gemütsverfassung der Schüler eine große Rolle. Ich sehe hier eher Schwierigkeiten, all die Anforderungen der Seminare bezüglich offener Unterrichtsformen umzusetzen. Zudem ist es an dieser Schule bislang nicht möglich gewesen, mir Klassen zuzuweisen, die ich auch nach den Sommerferien unterrichten darf. Eigentlich ist dieses ausdrücklich vom Hauptseminarleiter erwünscht, doch zeigt sich hier eine Diskrepanz zwischen „Grünem Tisch" und Praxis. Genau wie die anderen Lehrerinnen und Lehrer kann ich an dieser Schule einen Wahlzettel abgeben, um dann später zugeteilt zu werden.

Ich bin also gespannt, wie es für mich weitergehen wird. Ich hoffe, dass ich es noch zeitig in den Ferien erfahren kann, damit ich Ideen für meinen Unterricht in den Sommerferien zusammensuchen kann.

In der Startphase des Referendariats prasseln viele neue Eindrücke auf mich ein. Der Umgang mit den Schülern ist das eine, mein eigenes Standing das andere. Wer bin ich als Lehrerin? Wie lerne ich Mentoren kennen? Wie gestalte ich den Umgang mit Kollegen? Wie gehen die Kollegen miteinander um? Was sind Gepflogenheiten im Lehrerzimmer, an der einen Schule und an der anderen?

50

Ich höre, dass sich Kollegen duzen, und schließe daraus, dass das hier so üblich ist. Als ich eine ältere Lehrkraft nach ihrer Rückkehr aus dem Krankenstand begrüße und frage „Geht es dir besser? Was hattest du denn?", erfahre ich, dass das ein Irrtum ist. Ich erhalte eine klare Abfuhr. „Danke der Nachfrage. Das geht Sie nun wirklich nichts an. – Und bleiben Sie bitte beim *Sie*."

Wie stimme ich meinen Einsatz an beiden Schulen ab? Wie manage ich den Weg hin und her und her und hin? Ich habe kein Auto. Zum Bus brauche ich zehn Minuten. Wie komme ich rechtzeitig zum Seminar?

Am besten bin ich an allen drei Orten gleichzeitig und dann auch noch zu Hause. Der Hund ist jetzt viel allein und bietet täglich kleine neue Überraschungen, die mir zeigen: Mir war heute so langweilig …

Ich brauche jetzt auch eine andere Organisation zu Hause: Wer nimmt morgen den Hund, wann bist du zu Haus, wann gehst du, wann kommst du? Zum Schluss kommt Hundi eben mit auf den Sportplatz …

Das Privatleben kommt zu kurz. Mein Freund wünscht sich etwas mehr Zeit mit mir. Wir sind gerade umgezogen. Ich rate keinem, sich während des Referendariats um ein Eigenheim zu kümmern!

Zu guter Letzt fahre ich eigentlich jeden Nachmittag nach der Schule noch an das Lehrerinstitut (20 km), um mir dort neue Tipps und Tricks für die Schule abzuholen. Wenn gerade kein Seminar stattfindet: Ach, dann wäre es sehr hilfreich, „wenn Sie an folgender Fortbildung teilnehmen könnten, ich habe Sie da schon angemeldet" (mein Fachseminarleiter). „Und im Übrigen wollen wir ja mit unserer Grundschulklasse ein Stück einstudieren, dann komm doch gleich mal mit auf die Fortbildung …"

So kommt es nun, dass ich hier noch immer zwischen meinen unausgepackten Umzugkartons sitze. Bin ich froh, dass der Umzug soweit wenigstens funktioniert hat und auch die Telefonleitung steht, denn ohne Internet könnte ich gar nicht am Seminar teilnehmen. Jeden Tag müssen wir ins Netz gehen, um zu schauen, ob es vielleicht eine Mitteilung auf einer unserer zahlreichen neuen Plattformen oder E-Mail-Adressen für uns gibt. Mit all diesem Hin und Her bin ich schon zum zweiten Mal krank. Ich versuche, mir all das „tun Sie dies und das und am besten noch jenes und am allerbesten noch alles gleichzeitig" nicht mehr so zu Herzen zu nehmen. Ich spaziere langsamer. Was ich schaffe, schaffe ich und was nicht, na das dann eben später. Man kann hier nicht alles schaffen. So oder so.

Zum Glück läuft die Arbeitsteilung und der Austausch zwischen uns Referendaren sehr gut. Wir unterstützen uns viel, geben uns Material, hospitieren gegenseitig und machen uns Mut. Und wenn die Sonne scheint, dann strahlen alle Gesichter trotzdem. Ich habe alles in allem eine sehr lehrreiche Zeit, habe viel Freude mit den Kindern und sehe, dass mir meine Arbeit etwas gibt. Ich bin gern mit den Schülern zusammen.

Ist „Lehrerin sein" eine Rolle oder die Persönlichkeit? Eine Frage, die ich mir immer wieder stelle und mit der ich mich auch weiterhin beschäftigen möchte.

Anpassung kann Stärke sein

Der Einstieg in das „System Schule" sollte nicht unterschätzt werden. In den ersten Tagen prasselt auf einen Referendar eine Menge ein. Konkret in meinem Fall: 30 Referendarskollegen am Studienseminar, 1400 Schüler, 130 Lehrer, ein neues Gebäude, ein neues Schulsystem (Gesamtschule), Klassenstufe 5–13, ein neues Fach namens Gesellschaft, das Politik, Erdkunde und Geschichte kombiniert und somit mein Studienfach „Politik" geringfügig sprengt.

In den ersten sechs Wochen habe ich viele unterschiedliche Persönlichkeiten kennengelernt. Unterrichtsstile und pädagogische Ansichten wechseln genau so wie Humor, Zugewandtheit und tägliche Stimmungslage. Das Kollegium erscheint als Mikrokosmos verschiedener Persönlichkeiten. Als Referendar sucht und findet man den ersten Kontakt zu den Kollegen. Von Fachbereichsleitern erhält man erste wichtige Infos zu Büchern, Fachkollegen und Arbeitsabläufen an der Schule. Beispielsweise werden mir die curricularen Vorgaben ausgehändigt. Ferner gibt es Tipps, bei welchen Lehrern sich das Hospitieren lohnt. Es gilt ganz sicher die Faustregel: fragen, fragen, fragen. Eine Kollegin sagte mir an einem der ersten Tage, dass es keine dummen Fragen gebe. Wenn das Kollegium Neugier schätzt und Interesse würdigt, kann man auch mit der ersten Verunsicherung offen umgehen.

Neben der Schule lernt man das Studienseminar kennen, das die Ausbildung der Referendare verantwortlich übernimmt. Schon zu Beginn der Einführungswoche erkennt man das Spannungsfeld, in dem man sich als Referendar eineinhalb Jahre bewegen wird: Fünf Tage die Woche Nahkontakt zu Lehrern und Schülern (ob dies auch ein Nahkampf sein wird, wird sich zeigen), dazu ein bis zwei Nachmittage in der Woche fachliche und pädagogische Ausbildung am Seminar. Hinzu kommen die Unterrichtsbesuche – normaler und besonderer Art – der Fachleiter sowie der Kontakt zu den Eltern.

Vor Beginn meines Referendariats beschrieben mir Bekannte, die den Vorbereitungsdienst als überaus anstrengend und zermürbend empfunden hatten, ein Horrorszenario. Sie hatten darunter gelitten, dass von verschiedenen Seiten – Schüler, Lehrer, Schulleitung, Fachleiter, Eltern – eine hohe Erwartungshaltung an die noch unsicheren und wenig routinierten angehenden Lehrer herangetragen wird.

Und das alles vor dem Hintergrund, eine zukunftsfeste und professionelle Lehrerpersönlichkeit auszubilden.

Um den verschiedenen Erwartungen gerecht zu werden, gibt es gewiss kein Patentrezept. Ich habe nach sechs Wochen das Gefühl, dass ich bei den Kollegen an der Schule gut aufgehoben bin, da ich täglich mit ihnen zusammenarbeite und von ihrem Wissen um die Gegebenheiten profitiere. Ich lerne von ihrem Erfahrungsschatz, ihrer Routine und ihren wertvollen Hinweisen. Neben den Eindrücken aus Unterrichtshospitationen schätze ich das Lehrerzimmer vor allem als Ort der entspannten und ungezwungenen Kommunikation, als Rückzugsraum, in dem sich die Lehrer ganz anders präsentieren als im Klassenzimmer. Ich würde jedem raten, neben den Unterrichtshospitationen auch Zeit im Lehrerzimmer zu verbringen, um Kontakte zu knüpfen und um die Kollegen kennenzulernen. Ich beobachte als Neuling die Reaktionen der anderen Lehrer, manche schmunzelten, einige konterten, andere schauten weg. So lerne ich zwischen Unterrichtsstunden und Pausen eine Menge über die unterschiedlichen Lehrertypen, mit denen ich zusammenarbeite.

Diese Aufmerksamkeit könnte meines Erachtens auch ein Schlüssel dafür sein, die unterschiedlichen Erwartungen in eine Balance zu bringen. Als Referendar wird man keine glückliche und erfolgreiche Zeit erleben, wenn man sich Woche für Woche mit dem Fachleiter anlegt, ihn bei einem Besuch vergisst und vor dem Lehrerzimmer stehen lässt (an unserer Schule geschehen!) und seine Ratschläge nicht annimmt. Ebenso unerquicklich wird die Ausbildungszeit, wenn man in Fachkonferenzen zu spät kommt, anderen Lehrern unbegründet widerspricht oder eine Lautstärke für seine Äußerungen wählt, die so wirkt, als wäre man schon zwanzig Jahre dabei. Ich glaube, dass man dieses Bewusstsein für Entscheidungen im Referendariat braucht, um allen Seiten gerecht zu werden. Ein Empfinden für angemessenes Verhalten, das zuweilen auch Unterordnung und Anpassung bedeuten kann, aber nicht muss.

Selbstvertrauen und Überzeugung gehören ebenso zur Referendarspersönlichkeit. Jeder erfahrene Lehrer wird schnell merken, ob man zu dem steht, was man im Unterricht macht und ob man gewisse Eigenheiten der (Unterrichts-)Persönlichkeit auch verteidigt, wenn sie sich sachlich und pädagogisch begründen lassen. Diese Balance ist nicht einfach zu halten und vielleicht auch die höchste Herausforderung im Referendariat.

Nach den ersten sechs Wochen habe ich schon viel von meinen Kollegen im Lehrerzimmer und Klassenraum gelernt. Zudem habe ich in Fachsitzungen auch schon theoretische Einblicke und Tipps von den Fachleitern bekommen. Ein gesundes Bewusstsein für das erwartete und das durchsetzbare Verhalten – dies wäre mein Tipp an alle Referendare, und zudem keine falsche Scheu, auch einmal zurückzustecken. Für viele erscheint das Referendariat als Drahtseilakt zwischen den Fachleitern, Kollegen, Schülern und Eltern. Aber würde man auf einem Drahtseil mutig jeden Schritt wagen? Manchmal ist stehen bleiben und verweilen in Form von Zurückstecken eine geschickte Strategie, um seine Ziele zu erreichen, in der Konfrontation mit erfahrenen Lehrern, die mit ihren Ratschlägen (Schulkollegen) und Ratschlägen plus Noten (Fachleiter) über die zukünftige Entwicklung und Einstellungschancen entscheiden. Vor diesem Hintergrund kann es eine Stärke sein, unterschiedlichen Erwartungen gerecht zu werden, indem man sich anpasst.

Erste Stunden

Meine ersten Stunden ohne Zuschauer gebe ich in der mir zugeteilten 5. Klasse. Dem Druck zeitraubender Unterrichtsvorbereitung bin ich jetzt zu Beginn nicht ausgesetzt, da die schulinternen Vorgaben von Stoff- und Wochenverteilung mir meine Arbeit erleichtern.

30 höchst lebendige Schüler schauen mich erwartungsvoll an. So viele Gesichter! Wie soll ich mir all die Namen merken? Wir machen Kennenlern-Spielchen. Die Atmosphäre ist gut. Die erste Stunde geht schnell vorüber und ich habe ein positives Gefühl.

Die 2. Stunde verläuft dann sehr chaotisch. Es herrscht große Unruhe im Raum. In den Köpfen der Fünftklässler scheinen noch kaum Regeln und Rituale verankert. Man hatte mich gewarnt, dass in Klasse 5 alles sehr genau angesagt werden müsse. Die formale Gestaltung eines Arbeitsblattes – wohin gehört das Datum? Welchen Stift sollen die Schüler nehmen? Welche Farbe soll die Mappe haben? Viel Unterrichtszeit geht unter beträchtlicher Geräuschentwicklung dahin.

Schaue ich nach rechts, um Gespräche zu unterbinden, geht das Geschnatter links weiter. Die Fünftklässler sind total aufgedreht. Die Ferien sind gerade vorbei. Alle sind neu an dieser Schule. Unter den neuen Klassenkameraden muss sich erst einmal eine Hackordnung durchsetzen. Dazu haben wir schon die 6. Stunde! Alle sind ein wenig müde.

Ich fühle mich klar überfordert. Noch bin ich in einem Maße mit den fachlichen Aspekten meines Unterrichts beschäftigt, dass mich die pädagogischen Anforderungen und Disziplinprobleme dieser 5. Klasse sehr fordern. Mir fehlt ganz eindeutig die Routine, mit Unterrichtsstörungen souverän umzugehen. Trotz der vorhandenen Vorgaben mangelt es mir noch an Klarheit bei der Planung.

(Am Studienseminar zeigte sich mein Fachleiter erstaunt darüber, dass ich eine 5. Klasse im eigenverantwortlichen Unterricht bekommen habe.)

Direkt nach dem Unterricht bin ich wütend über den Stundenverlauf und sauer über das Chaos. Dieses Gefühl dauert bis zum späten Nachmittag. Dann kommen mir erste Überlegungen, mit Regeln mehr Klarheit in die Stunden zu bringen.

Abends hege ich schon wieder Sympathie für die Kleinen. Sie haben es nicht leicht, denn sie müssen sich in der neuen Gruppe erst behaupten lernen. Am nächsten Tag spüre ich die Herausforderung, es dieses Mal besser zu machen.

Ich gewinne einen ersten lebhaften Eindruck davon, was erfahrene Referendare meinten: „Du wirst 24 Stunden lang an Schule denken". In der Tat arbeiten die Bilder und das Erlebte in mir. Ich kann stundenlang nicht abschalten und plane danach bereits die nächsten Schritte und Stunden.

Das kostet am Anfang viel Kraft. Ich frage mich, ob sich das im Verlauf des Referendariats ändert. Bleibt dieser gedankliche Druck? Denken auch Lehrer immer an Unterricht? Ich meine immer – beim Essen, vorm Einschlafen, im Kino?

Ich vermute, dass es im Referendariat ganz wichtig ist, ob man in Klasse 5, Klasse 9 oder gar 11 eingesetzt ist.

Neben dem Unterricht habe ich eine Stunde Freizeit- und eine Essensbetreuung. Diese Einsätze sind für mich anstrengender als Unterricht. – Was für ein Lärm!

Trotzdem finde ich es spannend, die Schüler nicht nur im Unterricht zu erleben, sondern auch in der „Freizeit". Auf dieser Ebene herrscht ein ganz anderer Umgangston. Schule ist hier nicht nur Lern-, sondern auch Lebensort.

Ein Referendar braucht in erster Linie Geduld mit sich selbst. Setzen Sie sich nicht unter Druck. Es ist normal, dass Ihre Schüler Grenzen testen und ausprobieren, wie laut und unruhig sie bei Ihnen sein können. Es ist auch normal, wenn Sie das vielleicht nicht sofort im Griff haben. Learning by doing, die Sicherheit kommt mit der Zeit. Gestehen Sie sich Anfangsfehler zu. Niemand erwartet von Ihnen, dass Sie perfekt sind. Auch Sie sollten das nicht tun.

Wenn Sie ihren eigenverantwortlichen Unterricht in Klasse 5 oder 7/8 ableisten müssen, ist das nicht die leichteste Übung, aber machbar. Obwohl diese Schüler meist nicht grundsätzlich schwierig sind, können Sie sicher sein, dass auch gestandene Lehrer an dieser Front gut zu tun haben.

Versuchen Sie Schule, Schüler und Unterricht am Nachmittag erst einmal loszulassen. Bauen Sie bewusst den gedanklichen Druck ab. Kümmern Sie sich um Ihre ganz privaten Belange und kommen Sie zu sich.

Nur wenn Sie ein ausreichendes Gegengewicht zum Job aufbauen, werden Sie die Kraft haben, diesen langfristig zu meistern.

Das erste Mal

Sie möchte ein wenig Abwechslung in ihr Leben bringen. Der reduzierte Text einer Kontaktanzeige in einer bekannten Wochenzeitung spricht sie an. Sie antwortet im gleichen Stil. Drei Tage später ruft er an. Seine Stimme klingt gut. Sie tasten sich vor, unterhalten sich. Lachen über die gleichen Dinge. Sie verabreden sich zu einem Spaziergang. Sie ist aufgeregt. Wer ist er? Wie sieht er aus? Wird er ihr gefallen? Was macht sie, wenn er ihr nicht gefällt? Wie reagiert sie, wenn sie sich nach kurzer Zeit nichts mehr zu sagen haben?

Sie kann das Treffen abbrechen und einen neuen Versuch starten.

Ähnlich aufregend wie ein Blind Date ist die erste eigene Unterrichtsstunde für einen Referendar in einer Schulklasse.

Er kennt die Schüler nicht. Er weiß nicht, was auf ihn zukommt. Er programmiert sich auf spontane Reaktionen. „Mach dich locker, Matthias!", ruft die Freundin am Morgen noch hinterher.

Abbrechen geht nicht, wenn der erste Versuch misslingt. Wohl dem, der vor und während seines Studiums durch Praktika seine Wirkung auf Schulklassen ausreichend erprobt hat. Ein Gespräch mit zwei bis drei Kindern zu führen ist nicht damit vergleichbar, vor 25–30 Jugendlichen zu stehen, die einen erwartungsvoll ansehen oder gegebenenfalls überhaupt nicht zur Kenntnis nehmen.

Julia* bekam eine Schule in einem sogenannten Problemstadtteil zugewiesen. Sie ließ sich durch den dunkelroten Backsteinbau nicht schrecken. Durch die Geschichten, die sie gehört hatte, auch nicht. Positiv gestimmt betrat Julia das Schulgebäude. Sie mochte Kinder. Sie würde das schaffen und eine gute Lehrerin werden. Ganz bestimmt.

58

Sie hatte schon einmal in dieser 7. Klasse hospitiert. Die Schüler waren unruhig gewesen, aber die Klassenlehrerin hatte sie schnell im Griff gehabt. Heute sollte Julias erste eigenverantwortliche Unterrichtsstunde im Fach Erdkunde stattfinden.

12:50 Uhr. Mit Beginn der fünften Stunde betritt sie den Klassenraum. Die Schüler hatten die Pause offenbar drinnen verbracht. Die Klasse sah aus wie ein Schlachtfeld. Überall lag Papier und zertretene Kreide. Zerquetschte Saftpäckchen flogen durch die Luft. Die Schüler gingen über Tische und Bänke. Nach fünf Minuten hatte sich schließlich auch der Letzte auf seinen Stuhl geflätzt.

Julia schrieb ihren Namen und den geplanten Ablauf dieser Stunde an die Tafel. Sie ließ Atlanten verteilen. Während die Schüler sich auf mehreren Karten orientieren sollten, wandte Julia sich der Tafel zu, um verschiedene Aufgaben anzuschreiben.

Als sie spürte, dass sich hinter ihrem Rücken etwas tat, war es schon zu spät. Einige Schüler waren nach vorn geschlichen. Sie wuselten herum und einer versuchte unter tosendem Beifall der anderen, der Referendarin mit Kreide etwas auf den Rücken zu schreiben.

Julia war durch diese Aktion überfordert. Sie wusste sich keinen Rat. Ihr schossen die Tränen in die Augen und sie lief weinend aus der Klasse. Noch auf dem Flur hörte sie die Schüler johlen.

Nach diesem Fiasko bekam Julia eine andere Klasse zugewiesen, aber die Geschichte hatte sich schon herumgesprochen. Auch hier hatte sie größte Schwierigkeiten, sich durchzusetzen.

Julia hatte Glück. Es gelang, sie an einer Schule in einem anderen Stadtteil unterzubringen. Dennoch saß die Niederlage tief und Julia erholte sich nur schwer davon. Sie vertraute sich ihrer neuen Mentorin an, die sie während der folgenden Monate nicht nur unterstützte, sondern auch coachte. Julia hat ihr Examen bestanden und ist heute Grundschullehrerin.

Sie können sich nicht vorstellen, dass das der Schulalltag ist? Sie sind empört darüber, dass Julia dieser schwierigen Startsituation allein gegenüber stand? – Zu Recht.

Eine Schulleitung, die einen Referendar unvorbereitet in eine ihm nahezu unbekannte 7. oder 8. Klasse schickt, handelt verantwortungslos. Gerade in dieser Klassenstufe sind Schüler gern neben der Spur. Sogar wenn sie es nicht beabsichtigen, gelingt es ihnen immer wieder, den Schulalltag aus dem Tritt zu bringen. Die Pubertät ist die Zeit, in der Vernetzungen im Gehirn neu geschaltet werden. Jugendliche können häufig die Konsequenzen ihres Handelns nicht abschätzen. Deshalb muss der Referendar besonders auf die Klassenstruktur und die sozialen Spannungsfelder, die ihn erwarten, vorbereitet werden. Es ist eine große Hilfe, wenn er die Namen der Klassensprecher oder des bekannten Oberchaoten kennt. Durch gezielte, für die Schüler überraschende Ansprache, erreicht man zumindest kurzfristig Aufmerksamkeit.

Für den Start in einer neuen Klasse empfehle ich grundsätzlich, eine Kennenlernphase vorzuschalten. Schauen Sie dabei nicht auf die Uhr. Sie müssen in dieser Stunde nichts schaffen, außer die Schüler für sich einzunehmen. Was Sie zum Thema machen, sollten Sie aktuell entscheiden. In jedem Fall muss es für Ihre Schüler von Interesse sein. Einige Themen, die als Selbstgänger laufen, sind Lokalfußball, Fußball-Weltmeisterschaft, Formel 1, DSDS, Germany's next Topmodel, Twilight Saga oder Lena Meyer-Landrut. Es ist keine Verbrüderung nötig – Schüler merken, wenn Sie übertreiben – es genügt, dass Sie ihren neuen Schülern zeigen, dass Sie ihr Interesse für diese Themen ernst nehmen oder womöglich teilen. Wenn Ihnen das in der ersten Begegnung gelingt, haben Sie eine positive Grundstimmung für die nächste gemeinsame Stunde gelegt. Machen Sie es sich zur Regel, Ihren Unterricht mit einer solchen Annäherungsphase zu beginnen. Sie werden sehen, dass Ihre Schüler danach offener und bereit sind für das aktuelle Unterrichtsthema.

Die Chemie muss stimmen

„Das hier kann ich schon", stellt sich Herr D.* am ersten Tag seines Vorbereitungsdienstes an einer Haupt- und Realschule seinen beiden Mentorinnen vor. „Ich beantrage eine Verkürzung des Referendariats." Auf die Frage, aus welchem Grund er Lehrer werden möchte, kommt seine Antwort spontan. „Auf diese Weise habe ich mit relativ geringem Aufwand einen kündigungssicheren Job, viel Freizeit und ein nicht zu schlechtes Gehalt." – Wie sympathisch! Genau auf ihn hat diese Schule gewartet. Herr D. ist an einer Grundschule mit Sachkunde in einer 3. Klasse, in dieser Sek. I mit Politik und Deutsch eingesetzt. Alle Anleiter sind gespannt, welchen Überflieger sie da gefangen haben. Nach zwei Monaten suchen die Kolleginnen erstmals Kontakt zueinander. Sie sind äußerst unzufrieden mit der Arbeitsauffassung des Referendars. Unterrichtsvorbereitungen sehen sie nicht. Kritik nimmt er nicht an. Zudem brilliert der junge Mann mit fragwürdigen Aussagen.

Als ein Schüler Herrn D. auf einen Rechtschreibfehler an der Tafel hinweist, lacht er. „Tja, Rechtschreibung! Ich sollte zum Fernsehen gehen. Da kann keiner rechtschreiben." Nach einem weiteren Monat teilt Herr D. den Kollegen fröhlich mit, dass es nun sicher sei, dass seine Freundin schwanger ist.

So hat der angehende Lehrer in den folgenden Monaten mehr mit den Unpässlichkeiten seiner Zukünftigen und den Hochzeitsvorbereitungen zu tun als mit seiner Ausbildung. Die Schüler gähnen, seine Anleiter sind genervt, weil es nun außer Frage steht, dass die gesteckten Lernziele nicht zu erreichen sind.

Die Hospitationsstunden verlaufen an beiden Schulen entsprechend katastrophal.

Herr D. erkennt, dass er wohl doch noch einiges lernen muss. Er nimmt seinen Antrag auf Ausbildungsverkürzung zurück. Das Kind wird geboren. Herr D. kommt nur wenig zum Schlafen. Zeit für seine Vorbereitungen hat er nicht. So vergehen die Wochen bis zur Prüfung schneller, als ihm lieb ist. Die Prüfungsstunde im Fach Deutsch verläuft wie erwartet. Die Planung hat Herr D. seiner Mentorin in der Nacht zuvor um 3:20 Uhr gemailt.

Die Gesamtbewertung fällt mangelhaft aus. Die Vorsitzende rechtfertigt das Prüfungsergebnis als „Gnaden 4-, und das nur, weil Sie demnächst Familie haben, Herr D."

Sie halten die Geschichte für erfunden? Leider ist sie genau so geschehen.

Herr D. hatte die besten Voraussetzungen, ein gutes Referendariat hinzulegen. Interessierte, erfolgreiche Lehrerinnen waren seine Anleiterinnen. Keine wollte ihm Böses. Jede war aber der Ansicht, dass die Schüler einen derart ignoranten und faulen jungen Lehrer nicht verdient haben. – Herr D. hat es einfach versaut.

Lehrjahre sind keine Herrenjahre. Auch das Referendariat ist eine „Lehre". Nach Zuweisung der neuen Referendare spricht der Schulleiter Lehrerkollegen an, die passende Fächer unterrichten und die er für fähig hält, einen Referendar anzuleiten. Wenn er auf Interesse stößt, ist das ein Glücksfall. Es gibt durchaus Lehrer, die sich von Referendaren frischen Wind erhoffen. Einblick in aktuelle Didaktik und neue Unterrichtstechniken können die eigene Arbeit schließlich sehr bereichern.

Leider hat mancher Schulleiter einem Lehrer aber auch schon „ein Angebot machen müssen, das er nicht abschlagen konnte", wenn sich niemand bereit fand. Wie fruchtbar eine solche erzwungene Zusammenarbeit sein kann, muss ich nicht erläutern.

Was bedeutet es für einen Lehrer, einen Referendar zu betreuen? Abhängig vom eigenen Standing in der Fachklasse wirkt sich die Anwesenheit eines Referendars unterschiedlich aus.

Hat man selbst die Klasse erst frisch übernommen, ist es ungünstig, gleich einen Referendar hinzuzunehmen. Kinder brauchen eine gewisse Anlaufzeit, um sich an einen Lehrer zu gewöhnen und seinen Stil zu akzeptieren.

Unterrichtet man eine Klasse schon länger, kann ein Referendar für die Schüler eine willkommene Abwechslung sein.

Mancher Lehrer fühlt sich seiner Klasse durch einen fähigen und beliebten jungen Lehramtskandidaten entfremdet. Kein schönes Gefühl, aber durchaus ein Anlass, die eigene Sicht- und Arbeitsweise zu überdenken.

Kollegen, die weniger begabte oder sogar faule junge Anwärter zu betreuen haben, geraten in Stress, weil die Lernziele nicht in der vorgesehenen Zeit erreicht werden können.

In einigen Bundesländern bekommen die Anleiter zu wenige oder gar keine Entlastungsstunden, um Referendare angemessen begleiten zu können. Die somit entstehenden Besprechungen zwischen Tür und Angel sind nicht nur wenig hilfreich, sondern auch eine unerträgliche zusätzliche Belastung im Schulalltag.

Auch nur mittelbarer Kontakt ist für manche Lehrerkollegen nicht leicht und attraktiv. Das kann auch mal dazu führen, dass man den Unterrichtsbesuch bei einem Lehrer verwehrt bekommt.

Was bedeutet der Anleiter für den Referendar?
Bedingt durch das Maß seines Selbstwertgefühls füllt ein Lehramtsanwärter seine Rolle in einer Klasse aus.

Hat er einen eher schwachen Anleiter erwischt, wird es leichter sein, einen guten Kontakt zu den Schülern aufzubauen. Leider wird man aber von einem solchen Mentor nur wenig Unterstützung erwarten können. Ein unsicherer Mentor kann für den Referendar die Hölle sein. Eigene Unzulänglichkeit leben solche Anleiter gern an ihrem Schützling aus.

Mancher Referendar erkennt zu spät, dass er von seinem Anleiter als Konkurrent empfunden wird. Eine solche Zusammenarbeit wird nicht ohne Schwierigkeiten ablaufen.

Großes Glück ist es, in eine gute Lerngemeinschaft hineinzugeraten, in der Fachlehrer und Schüler sich bei gegenseitigem Vertrauen einig sind, dass sie mit Freude viel erreichen wollen. Hier wird der Referendar als „Lehrling" mit allen Vorteilen und Schwierigkeiten akzeptiert und toleriert.

Genau hinschauen

Ich hatte am Anfang sowohl Glück als auch Pech mit meinen Mentorinnen. Die zwei jungen Frauen hatten super Voraussetzungen. Beide waren seit fünf Jahren im Beruf und dazu sehr nett und willens mich aufzunehmen.

Wie sich herausstellte, gingen aber beide an den Umstand, einen Referendar im Unterricht zu haben, völlig verschieden heran: Frau A.* war sehr relaxed. Wenn mal etwas schief ging, meinte sie „Ach, da machen wir nächste Stunde halt noch eine Wiederholung". Sie gab mir auch am Ende der Stunden sehr ruhiges und eher grundlegendes Feedback. Jede Stunde ging es um was Anderes. Beispiel: „Diese Stunde solltest du mal auf deine Körperhaltung achten." In der nächsten Stunde ging es dann um das Tafelbild. Ich fand es sehr konstruktiv und angenehm zu wissen, dass es nicht wild ist, wenn mal was schief geht. Sie hat aus meinen Fehlern nie ein Drama gemacht.

Frau B.* schrieb im Unterricht jedes Mal drei Seiten mit. Jeder noch so kleine Fehler, ein fehlender I-Punkt an der Tafel, wurde zum Thema. Außerdem hatte sie mir die schlechten Voraussetzungen in der Klasse verschwiegen. Es hatte dort im letzten Jahr dreimal Lehrerwechsel gegeben und es war nicht angebracht, jetzt noch eine Referendarin hineinzunehmen. Das Ganze endete damit, dass sie von meinen Fehlern chronisch genervt war. Aber sie hatte auch keine Zeit, mit mir Planungen vorzubesprechen. Stattdessen rief sie mich permanent an, um mir zu erzählen, wie ungehalten die Eltern sind, weil ich so viele Fehler mache. Sie klagte, dass X und Y nach der Stunde geweint hätten, weil sie meinen Unterricht nicht verständen. Diese Gespräche mit Eltern und Schülern liefen immer ohne mich ab. Ich wurde nur im Nachhinein davon unterrichtet. Im Lehrerzimmer behauptete sie, ich sei nicht kritikfähig. Ich war dann natürlich auch dementsprechend fertig mit den Nerven, sodass wir unsere Zusammenarbeit abgebrochen haben und mehr oder minder neutral auseinandergegangen sind.

Was ich daraus gelernt habe und Referendaren empfehlen würde, ist Folgendes: Man sollte sich genug Zeit zum Hospitieren nehmen, bevor man selbst die Klasse übernimmt. Nur dann merkt man, ob man sich mit dem Mentor versteht und der Unterrichtsstil zusammenpasst. Man muss sich auch sympathisch sein, sonst wird das Ganze unangenehm und kann schnell in Stress ausarten.

Es ist problematisch, sich nur junge Anleiter zu suchen. In den Schulen werden die Anwärter oft auf die jüngeren Kollegen abgeschoben, weil manche Ältere den Stress nicht haben möchten oder auch der Meinung sind, sie könnten den Referendaren nichts aktuell Nützliches beibringen. Das muss nicht zwangsläufig so sein. Ich habe mit allen Altersklassen positive und negative Erfahrungen gemacht. Wichtig ist es, zu akzeptieren, dass jeder seinen Unterricht anders macht. Man muss wissen, dass es für Mentoren und Schüler Stress ist, einen Referendar in der Klasse zu haben. Deshalb sollte man versuchen, dem Mentor so weit wie möglich entgegenzukommen, ohne dessen Stil voll zu übernehmen. Ich persönlich habe viele der Tipps und „Rezepte", wie Hilbert Meyer sie nennt, selbst ausprobiert, um letztlich meinen eigenen Stil zu finden.

Am Schulleben teilnehmen

An meiner Schule stimmte die Chemie besonders mit den Junglehrern sofort. Ich erhielt spontan Unterstützung. Neben zahlreichen Hospitationsangeboten, erhielt ich auch die Möglichkeit, einzelne Stunden zu übernehmen. Ältere Kollegen verhielten sich nicht unfreundlich, aber meist zurückhaltend.

Ich habe mich von Anfang an bemüht, an allen schulischen und außerschulischen Veranstaltungen teilzunehmen. Das brachte mir das Kollegium näher und ich fühlte mich rasch zugehörig.

Unterstützung – mal mehr, mal weniger

Ich bin an zwei benachbarten Schulen eingesetzt. Meine Mentorin an der Grundschule ist mir sehr zugetan. Sie ist äußerst hilfsbereit, herzlich, fordernd und kreativ. Ich schätze sie als sehr durchsetzungsstark ein. Manchmal ruft sie mich spät abends noch an und gibt mir Tipps. Meine Mentorin gibt mir Ruhe. Sie legt Wert darauf, dass ich mich als Teil der Klassen- und Schulgemeinschaft fühle. Eine Stunde in der Woche nimmt sie sich immer Zeit zur Besprechung. Ich habe ihre volle Unterstützung, auch was die Durchsetzung meiner Interessen im Studienseminar angeht.

Bei meiner ersten Hospitation kam es mir vor, als wäre sie selbst aufgeregter als ich. Sie war sehr bemüht, das zu sagen, was der Seminarleiter hören wollte. Inzwischen haben wir schon gemeinsame Projekte mit den Kindern angefangen. Sie hat dieselben Fächer wie ich studiert und lässt mich im nächsten Schuljahr diese Fächer in ihrer Klasse übernehmen. An der Haupt- und Realschule gibt es bisher wenig Zeit für meine Fragen. Mein Mentor in der Sek. I scheint auch sehr bemüht, aber wir haben erst zweimal telefoniert. Er hat fast nie Zeit. Ich fühle mich willkommen, aber es gibt hier keine gemeinsame Vorbereitung meines Unterrichts. Mein Mentor war in der Anfangsphase oft gar nicht an der Schule, weil er Klassenfahrten begleitet hat. Meine Möglichkeiten und Wünsche sind mir hier nicht ganz klar. Hier ist absolute Selbstständigkeit gefordert.

Mein Einsatz an dieser Schule unterscheidet sich, obwohl auch hier die Chemie stimmt, grundsätzlich von dem an der Grundschule.

Kollegen

Eine der zentralen Stellschrauben, die eigene Situation als Referendar zu verbessern, ist der gute Kontakt zu Kollegen. Ich habe die Erfahrung gemacht, dass gerade jüngere Kollegen sehr offen sind. Wir haben in den Unterrichtsvorbereitungen für das Fach Deutsch stets Einheitserarbeitungstreffen durchgeführt. Dabei sollte man auf jeden Fall so offen sein, von eigenen Problemen sprechen zu können und auch eigene Materialien solidarisch an die Kollegen weiterreichen. Die gemeinsamen Erarbeitungen von Materialien, Einheiten, Klausuren und Erwartungshorizonten haben außerdem einen großen Lerneffekt für mich als Lernenden.

Seminarleiter sind Gott

„Wie wird einer Seminar- oder Fachleiter in der Lehrerausbildung?", fragen sich Referendare. Dass man mit Vorgesetzten kritisch umgeht, ist allgemein verständlich. Durch die eklatante Abhängigkeit vom Urteil des Fachleiters ergibt sich für den angehenden Lehrer jedoch eine ganz besondere Situation.

Aufgrund von Umständen, die man als Referendar nicht durchschaut, hat der Fach- oder Seminarleiter seine Funktion erworben. Es liegt nahe, dass er gewisse Kompetenzen nachgewiesen haben muss, die die Behörde zu der Annahme kommen ließen, er sei für die Ausbildung zukünftiger Lehrer geeignet.

Aus meiner kritisch distanzierten Beschreibung können Sie unschwer entnehmen, dass ich in Bezug auf die Einschätzung der Kompetenz von Seminarleitern im Umgang mit Referendaren vorsichtig bin. Nach nun 35 Jahren im Schuldienst habe ich die unterschiedlichsten Wege in dieses Amt beobachtet. Häufig bewarben sich Kollegen mit einem besonderen Sendungsbewusstsein. Nicht nur das höhere Gehalt lockte, nein, auch die Macht. Obwohl ich einigen durchaus fachliche Kompetenz unterstelle, wunderte es doch, dass die ehemaligen Schüler dieser Kollegen bei Lernerfolgsstudien nicht dementsprechend gut abschnitten. Mancher Fachkollege langweilte sich mit seinen Schülern. Da er großen Spaß an seinem Spezialgebiet hatte, diesen aber nicht in Form von Motivation an seine Schüler weitergeben konnte, war der Frust absehbar. In der Lehrerausbildung konnte er sicher sein, dass die Referendare ihm zuhörten.

Aber es gibt auch die begabten Pädagogen, die in der Funktion des Lehrer-Ausbilders genau richtig sind. Mit viel Geduld und großem fürsorglichem Verständnis begleiten sie Generationen von angehenden Lehrern. Mancher schwärmt noch Jahre später von seinem Referendariat, weil er sich von seinem fairen Seminarleiter angenommen und bestens angeleitet fühlte.

Wie mit Seminarleitern umzugehen ist, kann ich Referendaren nicht pauschal raten. Als angehende Lehrer sollten Sie ein Gespür für Menschen haben. Das kann Ihnen helfen, taktisch geschickt mit Ihrer Ausbildungssituation umzugehen. Versuchen Sie, diese auch aus den Schuhen des Seminarleiters zu betrachten. In manchen Bundesländern haben die Ausbilder im Gegensatz zu früheren Jahren nur noch einen Bruchteil der Zeit für die Betreuung ihrer Schützlinge zur Verfügung. Aus Gesprächen konnte ich entnehmen, dass viele es sehr bedauern, dass sie auf zahlreiche Beratungsbesuche verzichten müssen und sofort den gesehenen Unterricht in den wenigen Besuchen bewerten müssen, die ihnen geblieben sind.

Solange es sich um Ausbildungsfragen handelt, stehen Ihnen Ihre Anleiter bestimmt gern zur Verfügung. Verstehen sie aber bitte, dass mancher blockt, wenn Sie Ihre private Situation allzu oft ins Seminar tragen. Niemand hat dort den Nerv, wöchentlich mehrfach von dem unerträglichen Schwangerschaftserbrechen Ihrer Freundin zu hören. Derartiges sollte schon privat bleiben, zumal selbst ich Ihnen von der Familienplanung während des Referendariats dringend abgeraten hätte.

Denken Sie positiv, wenn Sie von den Emotionen einiger junger Lehrer erfahren.

Zerbrochen

Mich mit meinem Referendariat wieder zu beschäftigen ist, als würde ich den Schorf von Wunden abreißen, bei denen ich nicht sicher bin, ob sich darunter schon neue Haut gebildet hat – empfindlich, aber verheilt – oder ob der tiefe Einschnitt in meine Seele, metaphorisch gesehen, wieder anfangen wird zu bluten. Manche Beurteilungen von Fachleitern haben sich wie ätzendes Gift tief in mein Gedächtnis eingebrannt. Manchen Seminarleitern unterstelle ich eine bewusste Verletzung der Menschenwürde. Jedenfalls habe ich das damals so gefühlt. Leider haben Referendare keine Lobby. Meine Fachleiterinnen haben sich so verhalten, dass in mir die feste Überzeugung entstanden ist, dass es ihr geheimes Ziel war, mich bis zum Brechen fertigzumachen, um mich dann neu zusammenzusetzen und wieder aufzubauen – frei nach dem Pygmalioneffekt.

Meine Persönlichkeit haben sie leider nicht verstanden und das war auch nicht ihr Ziel. Ich bin extrovertiert und liebe große Gesten. Das wurde als „Sie sind doch nicht Sie selbst" oder „Sie spielen uns da etwas vor" gedeutet. Auf meine Nachfrage, was ich ändern könnte, erhielt ich keine Antwort. Das führte zu Frustration und Hilflosigkeit. Was sollte ich machen?

Ich steckte in einer Schublade und sie halfen mir nicht heraus. Wie fatal sich das auswirkte, wird anhand des folgenden Beispiels deutlich.

Mein erster Prüfungsunterricht (PU) war grauenhaft gelaufen und ich hatte die Schüler überfordert. Deshalb hatte ich mir für den zweiten PU Hilfe und Beratung geholt. Darunter waren neben Mitgliedern des Studienseminars auch eine Fachlehrerin und eine ehemalige Referendarskollegin, die mit „sehr gut" abgeschlossen hatte. Nach gründlicher Diskussion und Planung stand ein solider Entwurf. Das Endkonzept, einen fünfseitigen Text, der die Stunde erläuterte, habe ich mit einer Mitreferendarin meines Durchgangs zusammen formuliert, die ihre Prüfung bereits mit „sehr gut" bestanden hatte. Sie war nicht umsonst einer der Lieblinge des Seminars. Vielleicht hat sie mir auch mehr geholfen, als sie gedurft hätte, aber ich war inzwischen ein solch verzweifeltes Wrack, dass es mir egal war.

Sie war später überzeugt, dass die Stunde für gut befunden worden wäre, wenn ihr Name unter dem Papier gestanden hätte.

Mein PU wurde jedenfalls mit Fünf bewertet. Begründet wurde es mit der „didaktisch nicht durchdrungenen" Konzeption. Ich empfand das als puren Hohn.

Mein Fachleiter startete die Besprechungsrunde und gab die Notentendenz vor. Ich dachte: „Naja, Licht und Schatten, eine Zwei wird's wohl nicht mehr." Die übrigen Anwesenden verrissen dann die Stunde, das Konzept und mich. Nach der Notenbesprechung wurde mir mitgeteilt, dass die Prüfungskommission sich einstimmig für Fünf entschieden hatte. Die Haltung meines Fachleiters war mir unbegreiflich.

Ich kann Referendaren nur raten, ihre Persönlichkeit, so sie denn nicht fachleiterkonform ist, möglichst zu unterdrücken. Man kommt nicht an ihnen vorbei. So muss man versuchen, ihnen zu gefallen, damit man durchkommt. Die eigene Meinung, auch wenn sie fach-didaktisch geteilt wird, sollte man besser der des Fachleiters unter-ordnen.

Prüfungsunterrichte sind wie mündliche Prüfungen so gut wie nicht anfechtbar.

Ein Referendar ist machtlos.

Nicht widersprechen

Fachleitern soll man nicht widersprechen. Tut man es, fällt das nur negativ auf einen selbst zurück.

Fachleiter sind bei mir hauptsächlich negativ besetzt. Ich habe den Eindruck, dass sie oft Lehrer mit Karrierewünschen sind, die im Unterrichtsalltag nicht mehr so gut klarkommen – oft auch, weil ihre didaktischen Träume übersteigert und nicht im wahren Unter-richt umsetzbar sind. Ich habe manche als eigenwillige Egozentri-ker erlebt, die sehr von sich überzeugt waren und ihre Fachkom-petenz in den Mittelpunkt stellten. Sie präsentierten sich selbst und hörten sich gern reden. Auch bei großer fachlicher Kompetenz darf die Vermittlungskompetenz nicht leiden. Im Fall meines Fachleiters litt diese nicht. Dafür kippte er dann bei Beurteilungen um. Vorher fasste er mich freundlich und aufbauend an, in Beurteilungssituatio-nen zeigte er aber ein ganz anderes Gesicht und wurde sehr streng. Ich bekam schlechte Noten, was vorher aber für mich nicht ersicht-lich war.

Die meisten Fachleiter haben starke Vorlieben, die man besser erfüllen sollte, auch wenn sie nicht allgemeingültig zu rechtfertigen sind. Zitat einer Mitreferendarin: „Benutz bloß nicht die Tafel, wenn Frau X. vorbeikommt. Mach alles auf Folien. Sie hasst die Tafel."

Das Gefühl, durch die Ausbilder ausschließlich kontrolliert und kritisiert zu werden, führte während meiner Ausbildung dazu, dass selbige wahrscheinlich kaum meinen guten Unterricht gesehen haben. Sobald ein Unterrichtsbesuch anstand, schlief ich schlecht und war in den Stunden vor Angst so blockiert, dass ich nur auf halber Energie laufen konnte. Ich hatte das Gefühl, dass mir keinerlei Progression zugestanden wurde und alles immer sofort perfekt klappen musste.

Mein lockeres Verhältnis zu den Schülern war dann natürlich auch gehemmt, da ich das Gefühl hatte, seriös sein zu müssen, wenn die Ausbilder da waren.

Am Ende riss sich meine Prüfungsklasse fast die Arme aus, um immer dabei zu sein. Im Schnitt sah man 20 gehobene Arme von 27 Schülern. Das überforderte mich, da sie sonst eher weniger arbeitsfreudig waren. Ich konnte unmöglich alle Beiträge würdigen.

Die Folge war, dass mir angekreidet wurde, diese tolle Klasse, die ich da hätte, nicht zu nutzen. Dass die gezeigten Arbeitstechniken von mir eingeführt worden waren, wurde geflissentlich übersehen und auf die betreuende Lehrerin zurückgeführt, obwohl diese in der Besprechung sogar darauf hinwies.

Ich empfand brennende Wut über die Ungerechtigkeit – und Verzweiflung darüber, dass ich den Fachleitern ausgeliefert war.

Am schlimmsten war meine Hilflosigkeit. Das Gefühl, dass da etwas passiert, und egal was ich tue, um es besser zu machen, immer noch so viel falsch ist, dass die Verbesserung nicht zu sehen ist.

Ich fühlte mich wie auf einer Eisscholle, deren Untergehen ich verhindern will. Auf der ich schnell von einer Seite auf die andere laufe, um ein Kippen zu verhindern, aber jedes Mal nur eine neue Schieflage erreiche. Ein Gefühl, als müsste ich wie ein Elektron zu allen Seiten gleichzeitig flitzen, ohne jemals die Ruhe und

Ausgeglichenheit der Mitte erreichen zu können, weil immer so viel gefordert wird. Immer neue Anforderungen, immer neue Unmöglichkeiten. Und das Erreichte lässt so viele Lücken in anderen Bereichen. Es war wie beim Jonglieren: Konzentriert man sich zu stark auf einen Ball – zum Beispiel die gelungene Phasierung einer Stunde – dann fallen didaktische Durchdringung des Materials und die pädagogische Handlungskompetenz herunter. – Egal, was ich machte, es reichte nie.

Ich hatte das Gefühl, dass wir Referendare in einem unterdrückenden System steckten. Manche passten dem Studienseminar vom Unterrichtsstil her eben besser und manche nicht. Schublade auf, Referendar rein, Schlüssel umgedreht und weggeworfen. Referendar erstickt elendig in Schublade.

Abhängigkeit

Während der ersten neun Monate meiner Ausbildung hatte ich 23 Fachseminarleiterbesuche. Es ist schwer, seinen eigenen Unterrichtstil zu finden, wenn Seminarleiter erwarten, dass man nach ihrem Stil unterrichtet. Man hat schlechte Karten, wenn man einem Seminarleiter nicht gefällt. Ich war einem Fachleiter schon deshalb ein Dorn im Auge, weil ich nicht am Dienstort in Niedersachsen wohnte, sondern in Hamburg. Er unterrichtete an meiner Ausbildungsschule. Ich war unsicher, ob ich mir wie alle anderen Referendare Besuchstermine holen musste oder ob er von sich aus sagen würde, wann er kommen wollte. So hatte er es bei den ersten Terminen gehalten. Deshalb hatte ich zu einem Seminartermin keinen Besuchstermin vereinbart. Er sprach mich darauf nicht an. Ein paar Tage später aber lauerte er mir in der Chemiesammlung auf. Er schrie mich aus vollem Halse an, wenn ich nicht ausgebildet werden wolle, sollte ich es nur sagen. Er würde dann einen entsprechenden Vermerk in meine Akte schreiben. Dann verschwand er, ohne mir die Möglichkeit einer Antwort zu lassen. Erst ein paar Tage später hatte ich die Chance, mich zu äußern und in Ruhe einen neuen Termin zu vereinbaren.

Während eines Unterrichtsbesuchs, bei dem meine 7. Klasse recht aufgeregt und unruhig war, weil wir im Fach Biologie ein Herz präparieren wollten, schrie er die Schüler zusammen. Ich denke, wer sich als Seminarleiter derartige Ausbrüche leistet, ist menschlich ungeeignet.

Neben seiner Unbeherrschtheit hielt ich diesen Fachleiter auch für befangen. Ich habe eine Lehrprobe erlebt, in der die Referendarin genau das Thema vorführte, das rein zufällig Thema der letzten Fachseminarsitzung gewesen war. Auf Nachfrage bestätigte die Kandidatin, dass der Fachleiter ihr Thema vorher gekannt hatte.

Mich hingegen hat dieser Mann von Beginn an gemobbt. Er hat Behauptungen und Unterstellungen gezielt ausgesprochen, um mir zu schaden.

Obwohl das Verhalten dieses Seminarleiters im Studienseminar bekannt wurde, haben sich die Zustände nicht geändert. Er darf weiterhin sein „Unwesen" treiben und an der Zukunft angehender Lehrer drehen.

Der Azubi verbiegt sich

Rückblickend sehe ich gelassener, aber immer noch kritisch auf das Referendariat zurück. Mir ist sehr eindringlich bewusst geworden, wie zerstörerisch diese Phase auf mich gewirkt hat. Im gesamten Referendariat habe ich mich nicht ein einziges Mal wohl gefühlt in meiner Haut. Mir war nie klar, dass ich etwas kann und dass ich wer bin.

Erst jetzt, nach Beendigung der Ausbildung, bin ich wieder die Alte. Im Referendariat wurde ich permanent kritisiert, an Kleinigkeiten bewertet, mit den Besten verglichen und zur Perfektion getrieben. Eine Lehrperson daran zu messen, ob selbst der „dümmste" Schüler das Lernziel auch induktiv erfasst hat, ist auf Dauer brutal für das Selbstwertgefühl. Während meiner Ausbildungszeit wurde uns immer das Gefühl gegeben, wir wären Schuld, wenn etwas nicht funktionierte. Zitat: „Herr S. (ein Oberstufenschüler) hat uns heute sehr eindringlich gespiegelt, was in ihrem Unterricht verkehrt läuft." Dass Herr S. aber die gesamte Lehrerschaft tyrannisierte und mit Genuss auf Frauen herumhackte, war egal. Ich hatte eben nicht gewusst, wie ich ihn motivieren sollte.

Natürlich ist es wichtig, dass man guten Unterricht macht. Aber es muss auch OK sein, Fehler zu machen. Das Seminar hatte meiner Meinung nach immer zwei Gesichter. Nach außen hieß es, Fehler seien gewollt, daraus lerne man. Aber in Wirklichkeit wurde nichts verziehen, alles wurde notiert. Man wurde schließlich anhand der Besuche, die eigentlich Lernsituation sein sollten, bewertet. Bereits nach dem ersten Besuch steckte man in einer Schublade.

Die wichtigsten Menschen in meinem Leben waren zwei Jahre lang meine Fachleiter. Leider. Denn von ihrem Lob und ihrer Kritik hing mein ganzes Leben ab. Alles drehte sich nur um den nächsten Unterrichtsbesuch. Ich war total aufgeregt und hinterher jedes Mal völlig am Ende. Wochenlanges kollektives Kopfzerbrechen für die perfekte Vorführstunde (die Schüler sind sich sehr bewusst darüber, dass hier eine Show passiert) ging voraus. Während des Besuchs beobachtete man die Gesichter in der letzten Reihe und versuchte zu erfassen, ob sie es gut oder schlecht fanden. Dazu kam, dass ausgerechnet der Fachleiter, den ich sympathisch fand, mich offenbar nie leiden konnte und mir auch heute, wenn er an unserer Schule auftaucht, nicht in die Augen sehen kann.

Es gab vier BUBs (Besondere Unterrichtsbesuche). Der Vierte wurde bewertet. Man musste einen Entwurf dazu schreiben. Nur meinen Letzten hatte dieser Fachleiter in der Nachbesprechung gut bewertet. Aber es bewirkte, dass ich mich endlich einmal gut fühlte. Normalerweise bekommt man einen Monat später das Protokoll dieser BUBs per Mail zum Abheften zugestellt. Dieser Fachleiter ließ sich damit ein halbes Jahr Zeit. Das Protokoll war dann dementsprechend kryptisch. Eindeutig erinnerte er sich nicht mehr, was gewesen war. Er bewertete die damals gelobte Stunde mit Fünf. Ich weiß noch, dass ich den ganzen Abend geheult habe. Als ich ihn deshalb zur Rede stellte, meinte er, er hätte sich damals nicht getraut, mir zu sagen, wie schlecht er die Stunde fand. Von da an konnte er mich nicht mehr ansehen. Bis zum Schluss hat er mir immer bescheinigt, dass ich als Lehrerin eigentlich nicht geeignet bin. Nach der Prüfung schüttelte er mir kalt die Hand, zog ein Gesicht und ging. Auch seine schriftliche Beurteilung fiel völlig anders aus, als die meiner Fachleiterinnen. Interessant. – Ich habe mit Zwei abgeschlossen.

Was ich damit sagen möchte ist, dass man als Referendar Gefahr läuft, seine ganze Welt auf dem Urteil dieser Menschen aufzubauen und Hoffnungen an sie knüpft. Als ich von diesem Mann, der offensichtlich ein persönliches Problem mit mir hatte, so in die Pfanne gehauen wurde, war das für mich eine Katastrophe.

Am negativsten während des Referendariats empfand ich das Gefühl, ich sei die Einzige, der es so erging. Ich schrieb diesen Zustand nur meiner persönlichen Unfähigkeit zu. Zwar habe ich auch von den anderen Referendaren gehört, dass es ihnen schlecht ging, aber letztlich war man mit seinen Gefühlen allein. Man machte allein Unterricht und man wurde auch allein besucht. Ich hätte gern mal objektive Einschätzungen dieser Ausbildungssituation erhalten, die weder von Referendaren noch vom Fachleiter stammten. Irgendjemand, der einem mal sagt: „Ja, das ist eine schreckliche Zeit, in der der Azubi sich verbiegt und von den Fachleitern verbogen wird."

Diese Art der Ausbildung ist insgesamt sehr subjektiv ausgerichtet, da die Fachleiter natürlich gern sehen, dass man Unterricht genauso macht wie sie. Man wird dann zum Beispiel darauf verwiesen, dass ein Ansprechen der Schüler mit „Wir" – im Sinne von: „Wir haben letzte Stunde festgestellt, dass …" – ja irgendwie Geschmacksache sei und man es besser lassen solle.

Im Nachhinein würde ich um nichts in der Welt noch einmal das Referendariat machen. Eine Aussage übrigens, die ich von vielen gestandenen Lehrern gehört habe, mit denen ich darüber gesprochen habe.

Unklares und ungerechtfertigtes Verhalten von Fachleitern ist schwer zu verkraften. Dagegen vorzugehen ist aufgrund der subjektiven Ausgangslage oft schwierig. Grundsätzlich gilt aber, dass Fachleiter in der Rolle der „Lehrer" und die Referendare ihre „Schüler" sind. Unabhängig davon, wie gut die Fachleiter in ihrem Lehrjob sind, die Referendare baden es aus.

Wenn Lehramtsanwärter ihre Fachleiter während der Ausbildung als die wichtigsten Menschen empfinden, müssen sie entscheiden, ob es sich lohnt, ihre persönliche Anschauung als einzig Gültige durchzusetzen oder ob sie ihren Fach-/Seminarleiter mit Diplomatie und Strategie für sich einnehmen und sich von ihnen Hilfe und Unterstützung holen.

Das Referendariat ist „nur" eine Phase, die Ihrem Ziel „Lehramt" vorgeschaltet ist. Wenn Sie erst als Lehrer arbeiten, können Sie ganz Sie selbst sein.

Genau hinhören

Mein Fachleiter in Deutsch ist ein pünktlichkeitsliebender und bis zur Perfektion korrekter Herr mittleren Alters. Produktionsorientierte Lehrmethoden sind seine Vorliebe. Er spricht im Feedback die Probleme sehr genau an. Dabei benennt er auch Kritisches zur Person äußerst direkt und macht Vorschläge zur Verbesserung auf dem Weg zur „Lehrerpersönlichkeit". Ich kann damit umgehen, anderen passt das nicht.

Die zweite Fachprüferin ist noch sehr jung und daher noch flexibler in ihren Vorstellungen und Überzeugungen von „der Lehrerpersönlichkeit" oder „dem Unterricht".

Sie gibt in weitaus weniger direkten Worten ihr Feedback zum Unterricht. Ein Seufzen bedeutet bei ihr, dass etwas nicht gut war. Man muss auf diese Zwischentöne achten, um auf die von ihr wahrgenommenen Schwierigkeiten zur eigenen Unterrichtsstunde aufmerksam zu werden.

Ich bin ganz froh, dass meine Fachleiter sich einander durch ihre unterschiedliche Art, Feedback zu geben, ergänzen.

Kritik an der Ausbildung

Bildungsideale haben sich im Laufe der Jahrhunderte mindestens genauso oft geändert wie die Mode. Niemand kann für sich beanspruchen, die allein selig machende Didaktik erfunden zu haben. Abhängig von sich permanent verändernden sozialen Strukturen eines Landes, ist der Lehrauftrag der staatlichen Schulen in stetem Wandel begriffen.

Bei aller Theorie und Zunahme technischer Möglichkeiten braucht die Schule in Zukunft umso mehr psychisch stabile Lehrerpersönlichkeiten mit Gespür für Menschen. Sie müssen auf dem aktuellen Stand der Pädagogik sein. Selbstreflexion und Supervision werden heute noch verschlossene Türen öffnen. Lehrer dürfen ihre Aufgabe nicht auf die Schule begrenzt, sondern umfassend, über den Unterricht hinaus auch gesellschaftsorientiert sehen.

Die Lehrerausbildung ist trotz Absprachen der Kultusministerkonferenz in den verschiedenen Bundesländern äußerst unterschiedlich geregelt und in ständigem Wandel begriffen. Der Ausbildungs-Dauersstress und der Spagat zwischen Schuleinsatz und Seminar bestehen jedoch für alle Referendare und ändert sich offenbar nicht.

Zweiter Versuch

In Niedersachsen bin ich gescheitert. Die Ausbildung wirkte sich auf mich so niederschmetternd aus, dass von meinem Selbstwertgefühl nichts blieb und ich das Examen nicht bestand.

Die zweistündigen, wöchentlichen pädagogischen Seminare waren für mich reines Zeitabsitzen. Inhaltlich war dort nichts zu holen. Durch eine unangemessene Anzahl von Ausbilderbesuchen hatte ich in den ersten neun Monaten aber allein 23 Fachseminarleiterbesuche. Bei diesen Besuchen habe ich nie eine Beratung erfahren, die sich auf mich als Lehrperson bezog. Immer war ich ausschließlich der Kritik ausgesetzt, wenn ich nicht im Stil des jeweiligen Seminarleiters unterrichtete. So festigte sich in mir das Bewusstsein, dass ich nichts kann.

Ich wechselte nach Hamburg und startete einen zweiten Versuch. Die Gliederung der Ausbildung kam mir sehr entgegen. Haupt- und Fachseminar waren sinnvolle Veranstaltungen, bei denen uns nützliche Inhalte vermittelt wurden. Neben einer angemessenen Zahl von Ausbilderbesuchen gab es Kleingruppenhospitationen (KGH). Bei einer solchen KGH ist der Referendar der Veranstalter. Zur Hospitation kommen der Seminarleiter und einige Kollegen aus dem Fachseminar. Im Anschluss an den Unterricht werden in einer ersten Feedbackrunde immer ausschließlich positive Aspekte der Stunde zusammengetragen. Das erscheint psychologisch gesehen absolut sinnvoll. Danach werden fragwürdige Aspekte gesammelt, von denen der Veranstalter sich für die anschließende Besprechungsrunde zwei Schwerpunkte auswählt. (Erfahrungsgemäß wählen die Veranstalter tatsächlich meist die fragwürdigsten Aspekte aus.) Durch diese KGH-Struktur behält man selbst nach einer nicht gelungenen Stunde den notwendigen Mut, weiter an sich zu arbeiten und nicht zu resignieren. Auch als Besucher einer KGH kann man von einer Stunde und deren Besprechung viel lernen.

Die Verteilung der Ausbildungsveranstaltungen kam den Referendaren in Hamburg entgegen. Von Montag bis Donnerstag geben die Auszubildenden ausschließlich Unterricht. Donnerstagnachmittag liegt das Hauptseminar.

Freitagvormittag findet immer eine KGH statt. Im Anschluss daran das jeweilige Fachseminar. Durch die Lage der Seminare am Ende der Woche wird man nicht mitten in der Woche ins Seminar gezerrt, wenn man den Unterricht für den nächsten Tag vorbereiten muss.

Weniger positiv erlebte ich in Hamburg das Lehrertraining. Zum Teil wurden für dieses Training Leute ohne schulischen Hintergrund verpflichtet. So erschien mir mein Lehrertrainingsseminar als bloße Zeitverschwendung. Ich lernte dort nichts, was mir für den Lehrberuf hilfreich erschien. Zukünftig soll dieses Training wohl fachspezifischer ausgerichtet werden.

Die Hamburger Lehrerausbildung ist ständig im Wandel. Es ist jetzt angedacht, dass die eigenen Seminarleiter nicht mehr prüfen sollen, was die Ausbildung transparenter machen soll. Referendare hingegen fühlen sich sicherer, wenn sie sich auf Prüfer einstellen können, die sie seit 1 ½ Jahren kennen und von denen sie wissen, was sie sehen wollen.

Ich habe mein Examen in Hamburg bestanden. Das gibt mir die Sicherheit, dass ich Lehrer sein kann. Ich freue mich auf meine erste Anstellung.

Das Hospitationsstunden-Theater

Eine Ausnahmesituation steht an: Hospitation! Noch während man daran arbeitet, die Lehrerrolle auszufüllen, droht Observation durch den Seminarleiter. Der Lehrplan gibt den Rahmen, aber die Thematik der Unterrichtseinheit/-stunde bestimmt der Referendar. Was soll er zeigen? Schlichter Unterricht reicht natürlich nicht aus. Da muss er die Didaktik-Zauberkiste weit öffnen und griffige pädagogische Tricks aus dem Hut ziehen. Da muss Methodenwechsel hinein, bis es kracht. Und bloß den Medieneinsatz nicht vergessen! Dann wird eine Showstunde minutiös geplant. Dieses Gerüst gibt dem Referendar Halt. Zum anderen verhindert es häufig aber auch, dass er vor lauter Bemühen, die Planung einzuhalten, die Unterrichtsrealität wahrnimmt.

Eine Erfolgsgarantie gibt es nicht. Ob die Stunde gut bewertet wird, hängt ganz vom Geschmack des Seminarleiters ab.

Ein angehender Lehrer soll eine Deutschstunde halten. Er hat das Erarbeiten einer Fabel in seiner 6. Klasse geplant. Vor dem Schulgebäude trifft er gegen 7:45 Uhr auf eine Menschenmenge. Seine und andere Schüler haben sich um einen kleinen Hund geschart, der nicht sichtbar verletzt ist. Er trägt kein Halsband und rührt sich nicht vom Fleck. „Was machen wir jetzt mit ihm?" fragt Moritz* aus der 6a.

Was würden Sie tun?

Der Referendar nimmt den Hund vorsichtig auf den Arm. Mit der Botschaft, er werde sich darum kümmern, schickt er die umstehenden Schüler in ihre Klassen. Dann trägt er den kleinen Kerl in den Raum der 6a. Es findet sich eine alte Jacke, die dem Tier in der Ecke als Unterlage dienen kann. Der Referendar beauftragt Moritz, die Seminarleiterin aus dem Lehrerzimmer abzuholen.

Die Stunde eröffnet er so: „Manchmal läuft das Leben anders, als man es geplant hat. Ich sollte heute eine Hospitationsstunde im

Fach Deutsch halten. Deshalb sitzt hinten Frau Klinger*, die wir herzlich begrüßen. Aber dieser kleine Hund braucht unsere Hilfe. Wir wissen nicht, wem er gehört und ob er krank ist. Die Tierarztpraxis in der Denickestraße ist jetzt noch geschlossen. Also werden wir uns solange um ihn kümmern müssen, bis sie öffnet. Trotzdem können wir heute etwas lernen.

Der Referendar teilt die Klasse kurzerhand in Arbeitsgruppen ein und erklärt: „Wir können nicht alle um das Tier herumspringen, es würde sich nur aufregen."

Einige Schüler setzen sich leise zu dem Hund und fertigen eine Beschreibung von seinem Äußeren an. Andere gehen an den Computer und versuchen herauszufinden, um welche Rasse es sich handeln könnte. Eine Gruppe versucht sich am Schreiben einer Anzeige „Hund gefunden!". Mehrere Schüler tragen ihre Ideen zu einer spannenden Hundegeschichte zusammen. Andere googeln den Tierschutzverein, um später dort anzufragen, was man mit dem Findelhund tun kann. Einige Schüler zeichnen den inzwischen schlafenden Hund ab. „Wer den allein gelassen hat, der ist aber gemein," gibt Lea* zu bedenken. Spontan entsteht eine neue Gruppe, die heftig darüber diskutiert, was mit so einem „Verbrecher" zu tun sei.

Gegen Ende der Stunde liest Manuel* seine Geschichte über „Ben", den Findelhund vor. Zeichnungen werden an die Korktafel gepinnt. Ayse* trägt ihr halbfertiges Hundegedicht vor. Tom* schreibt die Adresse der Tierarztpraxis samt Öffnungszeiten an die Tafel. Pia* hat eine E-Mail an den Tierschutzverein geschrieben und von dem Hund berichtet.

Der Referendar gibt der Seminarleiterin seinen geplanten Stundenentwurf mit der Bitte um Verständnis. Er ist der Meinung, dass die Kinder sich nach der Aufregung sowieso nur schwer auf den Unterricht hätten einlassen können. Deshalb habe er sich zu dieser spontanen Planänderung entschieden.

Um eine solche Entscheidung zu fällen, muss man schon recht tough sein. Aber das ist Lehreralltag. Lehrer müssen täglich spontan reagieren, müssen permanent flexibel sein und sich nach Möglichkeit für die Schüler als Fels in der Brandung erweisen.

Die Seminarleiterin ist begeistert. Sie hat eine der wenigen „echten" Stunden gesehen und einen guten Eindruck von diesem souveränen Referendar bekommen. Endlich einmal kein „Hospitationstheater".

Solche Sternstunden sind die Ausnahme, wie Referendare berichten.

Showstunde

Mein Fachleiter hat sich zur Hospitation angesagt. Bei der Stundenvorbereitung wende ich erheblich mehr Zeit auf als sonst, fachlich-theoretisch wie auch emotional. In Niedersachsen muss ein Kurzentwurf zu der Stunde geschrieben werden und die Hospi soll ja gelingen.

Obwohl die Fachleiter betonen, dass es keine Prüfungssituation sein soll, fühlt es sich so an. Jemand sitzt im Unterricht, beobachtet und macht Notizen. Am Ende des Referendariats gibt er eine Note. Gegen dieses Gefühl des Beobachtetwerdens kann man sich am Anfang schlecht wehren.

Vor der betreffenden Stunde sieht mich ein Lehrer im Lehrerzimmer mit dem Fachleiter am Tisch und bringt die Stimmung auf den Punkt: „Na, Herr P.*, gleich Showstunde?" Ich bemerke eine leichte Verlegenheit beim Fachleiter. Aber in der Tat kann ich nach dem 1. Besuch sagen, dass „Showstunde" es gut trifft. Die Schüler verhielten sich völlig anders. Sie waren diszipliniert, ruhig und um Mitarbeit bemüht. Es gab nur wenige Auffälligkeiten. Die Nachfragen waren stets sachlich. Gerade bei den neuen Schülern in Klasse 5 darf nicht vergessen werden, dass sie glauben, der fremde Lehrer beobachte und bewerte auch sie selbst.

Auch ich verhielt mich anders. Zunächst war ich nervös wegen des Fachleiters und perplex wegen der ruhigen Atmosphäre im

Klassenraum. Dieses disziplinierte und konzentrierte Unterrichtsverhalten kenne ich hier sonst weniger. In der 2. Stunde, als der Fachleiter weg war, erlebte ich dann wieder eine andere Welt. Die zuvor erzwungene Konzentration führte in der Folge zu Überreaktionen bei den Kleinen. Da musste etwas raus. Sie machten ein Ventil auf. Fraglich ist, ob die Fachleiter ihre Wirkung einschätzen können und so realistische Bilder vom Unterrichtsgeschehen bekommen. Für mich fühlte sich alles sehr künstlich an. Es bleibt abzuwarten, ob sich das mit der Zeit ändert, wenn die Klasse den Fachleiter kennt, und ich mehr Erfahrung mit der Situation habe.

Die Besprechung nach der Stunde war konstruktiv, wenn auch fachlich gesehen zuweilen detailverliebt. Für meine weiteren Schritte war die Kritik aber hilfreich. Gerade in den ersten Monaten der neuen Lehrerrolle ist Feedback überlebenswichtig, denke ich.

Ratschläge für den Umgang mit Unruhe in der 5. Klasse, die ich mir so gewünscht hatte, blieben aus, da der Besuch jegliche Unruhe der Schüler unterdrückt hatte.

Ein älterer Referendar gab mir den Tipp, schnell viele Besuche zu absolvieren, damit es eine gewohnte Situation für mich und die Schüler wird. Es scheint mir vorstellbar, dass bei konstruktiver und sympathischer Atmosphäre mit einem Fachleiter so etwas wie Routine und Vertrautheit im Umgang einsetzt.

Ich empfehle zudem allen Referendaren, sich unbedingt bei den älteren Refs zu informieren, welche Bräuche am Seminar herrschen. Reicht dem Fachleiter ein Stuhl oder wünscht er einen Tisch, um besser Notizen machen zu können? Wird Kaffee erwartet? Auf jeden Fall sollten Sie welchen anbieten. Bei besonderen Unterrichtsbesuchen lockern Kekse die Stimmung.

Kürlaufen

Unterrichtsbesuche (UB) kommen mir vor wie Kürlaufen beim Eiskunstlauf. Nichts ist wirklich echt. Die Stunden müssen minutengenau durchgeplant sein. Du hast Angst, vom Plan abzuweichen.

Wenn du es aber trotz pädagogischer Notwendigkeit nicht tust, kann das tödlich sein. Die Klarheit, was besser ist, gibt dir keiner. Du bist als Referendar vom Seminarleiter so abhängig wie der Eiskunstläufer vom Kampfrichter.

Verpennt!

Die Horrorvorstellung ist eingetroffen. Ich habe meinen ersten Unterrichtsbesuch verschlafen.

Der Wecker klingelt um 7:59 Uhr pünktlich zu den Radionachrichten. Noch dösend verfolge ich Aktuelles über die anstehende Rettung eines Wirtschaftsunternehmens, Arbeitslose und Alltäglichkeiten. Um 8:05 Uhr beginnt der Verkehrsservice und mir wird die Zeit zum ersten Mal bewusst. 8:05 Uhr! – Meine erste Unterrichtsbesuchstunde läuft seit bereits 10 Minuten und ich liege noch im Bett!

Ich stolpere zum Schrank, reiße T-Shirt und Hose heraus – keine Zeit für Socken. Jetzt zählt jede Sekunde. Ich greife meine am Abend ordentlich bestückte Mappe (was für ein Glück!) und renne, die Sandalen über die Füße ziehend, ins Treppenhaus. Die Tür fällt hinter mir zu. Mit dem Knall der Haustür frage ich mich: Wo ist der Hausschlüssel? In der linken Hosentasche genauso wenig wie in der rechten! Er liegt noch irgendwo in der Wohnung. Egal, denke ich und renne die Treppen hinunter.

Der Schulweg ist kurz und ich habe kaum Zeit, mir noch einmal zu überlegen, ob ich nun wirklich völlig verschlafen und aufgelöst vor die Klasse und den Fachprüfer treten soll, als ich ins Lehrerzimmer stürze.

Dort sitzt mein Prüfer gemütlich am Tisch. Er schreibt und blickt mir mit einem Schmunzeln entgegen. Aus mir sprudeln Worte der Entschuldigung: „Es tut mir so leid. Ich habe verschlafen. Ich hatte gestern noch so lange zu tun." – Wie peinlich! – Er grinst mich an: „Wollen Sie trotzdem noch …?" – „Ja klar. Ich möchte es wenigstens versuchen."

Mit mulmigem Gefühl und weitere Entschuldigungen stammelnd gehe ich neben ihm den Gang hinunter. Wir erreichen den Klassenraum. Ich beichte den Schülern, dass ich verschlafen habe. – Lachen. – „Das ist euch selber noch nie passiert, oder?" Die sympathische Neunte sieht über meinen Fauxpas locker hinweg und die Lehrerin zieht sich mit einem ungläubigen „Du willst nun wirklich noch Unterricht machen?" in den hinteren Teil der Klasse neben den Fachleiter zurück.

Meine Unterrichtsstunde sieht für den Anfang einen Overheadprojektor vor. Natürlich habe ich ein Gerät der Marke „Uralt" in der Klasse. Das hätte ich vor dem Unterrichtsbesuch unbedingt austauschen müssen!

Der Projektor hat keinen fahrbaren Untersatz, sondern muss auf den Tisch eines Schülers gestellt werden, sodass für diesen kein Platz mehr bleibt. Außerdem kann er die Folien nur teilweise durch einen Lichtkreis an der Wand abbilden. – Was für ein bescheidener Start!

Die Stunde entwickelt sich dann letztendlich doch noch ganz gut. Die Schüler machen konzentriert mit. Meine Ergebnissicherung an der Tafel ist etwas hektisch, bedingt durch fehlende 15 Minuten im Konzept, doch die Schüler kommen zu sinnvollen Ergebnissen und nehmen etwas aus der Stunde mit – jenseits der Erkenntnis „Der neue Referendar ist ein Verpenner".

Ich habe aus diesem Hospitations-GAU drei wichtige Lehren gezogen:
1. Stelle dir, wenn du zur ersten Stunde Unterricht hast, besonders zu Anfang des Referendariats und in der Konditionierungsphase zu frühem Aufstehen, zwei Wecker.
2. Es ist gut, sich einer solchen Peinlichkeit zu stellen, anstatt sich feige und mit Lügen aus der Affäre zu ziehen.
3. Fachprüfer sind auch nur Menschen und sehen solche Ereignisse, wenn man Glück hat, als amüsante Abwechslung, wie ich in der abschließenden Besprechung feststellen konnte.

Der tägliche Kampf ums Überleben

Für manche Lehrer ist das Referendariat die schwerste Zeit in ihrem Leben. Anders als in anderen Berufen geht es für sie in dieser Phase von 1 ½ bis 2 Jahren nicht nur um den Erwerb und die Umsetzung von Wissen und Know-how. Angehende Lehrer müssen zum einen aushalten, dass sie ständig geprüft und bewertet werden. Sie müssen nicht nur täglich beweisen, dass sie eine Schulklasse im Griff haben, sondern auch, dass sie didaktische Schritte adäquat anwenden können. Zum anderen erleben sie täglich, dass ihre Person infrage gestellt wird. Der Lehrer-Schüler-Austausch vollzieht sich oft auf einer sehr persönlichen Ebene, vor allem wenn man es mit distanzlosen Schülern zu tun hat. Auch Elternkontakte gestalten sich aus demselben Grund nicht immer problemlos. Häufig entfleucht bei Uneinigkeiten der sachliche Hintergrund zu Lasten der Kritik an der Person des Lehrers. Dann ist geschickter Umgang mit Stress nötig. Wer sich selbst durch Angriffe leicht infrage stellt, wer Schüler oder Eltern fürchtet, wird es in diesem Beruf schwer haben.

Junge Lehrer müssen den Spagat zwischen „Lernender" und „Lehrer" schaffen. Sie sollen lernen, Kinder individuell zu fördern. Mithilfe didaktischer Kniffe muss es ihnen irgendwann gelingen, 30 Schüler durch Binnendifferenzierung so zu fordern, dass sich bei allen Wissenszuwachs einstellt (!). Das wird besser funktionieren, wenn sie der „Boss" im Ring sind. Nur wenn sie führen können, werden Schüler ihnen folgen.

Nur wer die Ausbildungsphase in ihrer Komplexität bewusst wahrnimmt und aushält, wird später als Lehrer in der Lage sein, seine Schüler zu verstehen und auf das Leben vorzubereiten. Lehrer müssen jungen Menschen „Füße" verschaffen können, Füße, mit denen diese nach dem Schulabschluss mutig und selbstbewusst die nächste Stufe in ihrem Leben erklimmen können.

August

So hart es am Anfang auch sein mag, eine eigene Klasse zu unterrichten, den Unterricht vorzubereiten und die gesamte Verantwortung zu übernehmen, so wertvoll sind diese Stunden für die persönliche Entwicklung des Referendars. Man agiert auf einer Art didaktischem Experimentierfeld.

Der Unterricht in der 5. Klasse ist sehr wechselhaft – abhängig vom Thema, von der Arbeitsform und von der Stunde. 6. und 8. Stunden sind in Klasse 5 kein Geschenk. Noch immer erlebe ich Stunden mit viel Unruhe. Gespräche mit anderen Lehrern lassen bei mir die Einsicht reifen, dass Strenge und klare Regeln gerade zu Beginn elementar wichtig sind, um Arbeitsweisen und angemessenes Verhalten zu trainieren.

Die Forderung nach kleineren Klassen kann ich jetzt nachvollziehen. Mein erster Praxiseindruck mit 30 Schülern in einem eng geschnittenen Raum ist beeindruckend. Es gibt hier viele Möglichkeiten zur Ablenkung. Gespräche mit Nachbarn sind üblich. Massive Leistungsunterschiede in den heterogenen Klassen der Gesamtschule erschweren die Arbeit. In Klasse 5 bekomme ich ständig Feedback, wenn Aufgaben und Ansagen nicht genau sind. Die Kleinen fragen auf erfrischende Weise alles nach, selbst Dinge, auf die ich niemals vorher gekommen wäre. Das schult die Aufmerksamkeit, auch wenn es zuweilen nerven kann, wenn sie eine klare Aufgabe angeblich nicht verstehen, sie aber nach einmaligem Vorlesen einfach so bearbeiten. Die Kleinen fordern auf eine schöne Art Zuwendung und wenn man als Referendar/Lehrer bereit ist, diese zu geben, könnte es der richtige Beruf sein.

Für die nächsten Wochen habe ich das Ziel, in Bezug auf Aufgabenstellungen und Ansagen sowie im Umgang mit den Schülern klarer und konsequenter zu sein.

September

Seit acht Wochen unterrichte ich die 7. Klasse im Fach Sport. Noch immer können die Schüler Regeln nicht befolgen. „2 × pfeifen" heißt im Kreis zusammenkommen. Was nützt die Regel, wenn keiner kommt? Trotz Geräteaufbauplan und klaren Anweisungen wissen die Kinder nicht, was sie tun sollen. Eine halbe Mädchengruppe turnt auf dem Mattenwagen herum und schafft es nicht, ein Trampolin und eine Matte aufzubauen. – Was mache ich falsch?

Immer, wenn ich versuche die Klasse in Gruppen arbeiten zu lassen, flippen die meisten aus und laufen durch die Halle. Schon eingeteilte Gruppen lösen sich wieder auf und es ist mir leider noch nicht möglich in vier Ecken der Sporthalle gleichzeitig zu sein. Teamarbeit scheitert, da zumindest Teilgruppen immer wieder quer schießen.

Ich habe versucht, über die Frage nach „Respekt" an das Problem heranzugehen, da respektvolles Verhalten zu unseren Regeln gehört. Die Antwort, dass sie keine Achtung vor ihren Mitschülern hätten, hat mich entsetzt. Aus dem Mangel an Disziplin ziehe ich die Konsequenz, ihnen fürs Erste keine freien Entscheidungen und selbstständige Arbeit mehr anzubieten, obwohl das die Vorgaben des Seminars sind. Die Schüler sind schon das dritte Jahr zusammen. Dennoch ist es hier bisher nicht gelungen, ein Gemeinschaftsgefühl zu schaffen. Ich kann aber nach acht Wochen nur auf Vorhandenem aufbauen. In Konsequenz muss ich mir darüber klar werden, ob ich in dieser Klasse meine Prüfung machen kann.

Ich werde meine Vorstellungen von Kindern und Schule noch einmal neu sortieren müssen. Natürlich ist eine 7. Klasse voll in der Pubertät und für eine unerfahrene Person wie mich eine besondere Herausforderung. Ich bin mir sicher, dass ich dabei eine Menge lerne, vor allem auch über mich selbst. Aber in einigen Punkten brauche ich etwas Unterstützung, die ich vom Seminar leider nicht erhalte.

Was mache ich mit Jonas*, der regelmäßig 20 Minuten zu spät und ohne Sportzeug kommt?

Was kann ich für Inan* tun, dessen Kleidung nach jeder Sport-stunde im Mülleimer liegt?

Wie kann ich Mister Obercool Ali* davon abhalten, Jan* mitten in der Sporthalle die Hose herunterzuziehen?

Wie stark kann ich mich in diese Klasse einbringen, wenn schon der Klassenlehrer über zwei Jahre so wenig erreicht hat?

In Klasse 7 finden immer Kämpfe um die Rangordnung statt. Da ist besonders der Klassenlehrer in der Pflicht, ein „WIR" zu gestal-ten. Hochpubertäre Kinder können nur selten eigenverantwortlich arbeiten, am wenigsten im Sport. Die Herausforderung des großen Raumes und der Bewegungsfreiheit ist groß.

Verzichten Sie die nächste Zeit auf Gruppenarbeit. Machen Sie straffen Unterricht, dem sich die Schüler nicht entziehen können. Scheuchen Sie sie, bis sie schwitzen.

Fordern Sie Leistung. Notieren Sie noch am Ende der Stunde Noten, damit die Schüler Konsequenzen abschätzen lernen.

Reden Sie nicht, handeln Sie. Ordnen sie an. Schließen Sie Schü-ler aus, die sich fehl verhalten (Bank, Schulleiter, Sonderarbeit während der folgenden Sportstunde, …).

Lassen Sie Jonas nächstes Mal von vornherein nicht am Sport teilnehmen. Besprechen Sie mit dem Klassenlehrer, dass er in der Sportstunde für den Hausmeister arbeiten wird.

Befassen Sie sich mit der Akte des Schülers Inan. Ist er ein „Opfer"? Besprechen Sie mit dem Klassenlehrer, wie sie ihm grund-sätzlich helfen können. Eine Klassengemeinschaft hält kein Mob-bing aus. Für den Aufenthalt in der Sporthalle sichern sie Inan zu, dass er seine Sachen vorerst in der Lehrerumkleidekabine de-ponieren kann.

Dass Herunterziehen von Hosen ist in Klasse 7 ein immer wiederkehrendes Phänomen. Ali verwarnen Sie vor der ganzen Klasse. Sollte er sich noch ein einziges Mal an der Hose eines Mitschülers vergreifen, wird er zukünftig seine überschäumende Energie durch Liegestütze abbauen. Erst zehn, dann zwanzig, dann …

Drohen Sie für den Fall, dass Ali es trotzdem nicht lässt, an, dass ihm womöglich das Gleiche widerfahren könnte …

Oktober

Ich habe beschlossen, dass es für mich das Wichtigste ist, dass ich gesund bleibe. Deshalb nehme ich den Rat der Sportfachkonferenz an und ändere mein Unterrichtsverhalten in der 7. Klasse.

Statt 20 Schülern bewegen sich nur noch 15 in der Sporthalle. Der Rest sitzt bei der Schulleitung und schreibt einen Aufsatz: „Warum darf ich heute bei Frau M.* nicht am Sportunterricht teilnehmen?" – Die nächste Stunde läuft schon etwas leichter.

Die Mädels, die kreischend durch die Halle rennen, bemerken dann doch noch, dass der Frau M. das wohl nicht so gefällt. Ich sehe ihre maulenden Gesichter und höre sie im Geiste: „Alles was Spaß macht, das mag die Frau M. nicht. Sie mag es nicht, wenn wir uns prügeln, wenn wir in der Sporthalle ein Rennen mit den Mattenwagen fahren, wenn wir im Geräteraum Kunststückchen üben oder auch nur mal abhängen wollen. Die Frau M. will irgendwie anderen Sportunterricht. Da müssen wir ja selbst etwas tun. Selbst Regeln überlegen mögen wir aber nicht. Es ist doch viel leichter, wenn die Referendarin das für uns macht. Was, da steht keine genaue Anleitung? Da wird nicht Schritt für Schritt beschrieben, welche Sprünge wir am Minitrampolin machen sollen? Und in Gruppen sollen wir arbeiten? Ich möchte aber mit meiner besten Freundin zusammen sein. Nein, und mit denen zusammen will ich nicht. Die stinken. Die will ich nicht. Außerdem wollen wir laute Musik im Unterricht hören und Spiele spielen. Deshalb haben wir jetzt einfach gemeinsam beschlossen: Frau M. kann keinen Sport unterrichten."

Ich ziehe von jetzt an einen Maßnahmenkatalog durch: Wer kreischt, beißt oder kratzt, schlägt, tritt, andere mit Bällen abwirft, im Geräteraum herumturnt, mal eben aus der Halle verschwindet oder sich an weitere Sportregeln nicht hält, sieht zuerst die gelbe

Karte. Der nächste Schritt ist die rote Karte, die dem Störer fünf Minuten auf der Bank verschafft. Der dritte Schritt ist der Gang zur Schulleitung. – Ein erstes Aha-Erlebnis! Das scheint wirklich das zu sein, was sie von mir erwarten. Ich habe gelernt, dass ihr Meckern und Nörgeln ein Seiltanz ist. Jetzt bin ich der Chef und steige nicht mehr auf ihr Seil auf. Kein Kampf mehr mit mir. Diese Schüler wollen konkrete Ansagen: „Du holst das Pferd und stellst dich dann am Start auf." Es ist mir klar geworden, dass ich Selbstorganisation vorbereiten muss und nur in winzigen Schritten mit diesen Schülern umsetzen kann.

Dem Klassen-Chaos zu viel Bedeutung zu geben, ist für mich nicht gesund. Jetzt also Pubertät Pubertät sein lassen und meine Frau stehen. Die innere Einstellung macht so viel aus. Wenn ich den Unterrichtsalltag reflektiere, erkenne ich, wie wichtig es ist, nicht nur den Dingen Aufmerksamkeit zu schenken, die nicht so gut klappen, sondern auch denen, die Freude bereiten. Ich habe gemerkt, dass es mir nicht gut tut, mich immerfort nur mit meinen Problemen auseinanderzusetzen.

Ein willkommener Ausgleich für mich ist der Sachunterricht in der Grundschule. 30 Drittklässler sammeln auf dem Weg zum Teich Kastanien. „Ich hab eine!" „Da ist noch eine!" Ich teile die Begeisterung. Mir erscheinen die rot-braun glänzenden Früchte, die vereinzelt aus dem Laub blitzen, immer noch wie kleine Geschenke.

Im Unterricht haben die Schüler aus Nylonstrumpfhosen Kescher genäht. Die kommen jetzt zum Einsatz. Mit Becherlupen und Keschern bewaffnet wollen wir Tiere im Gewässer erkunden. Die Kinder sind voll bei der Sache. Mit großen Augen laufen sie auf mich zu: „Frau M., Frau M. ich habe eine Wasserspinne in meinem Becherlupenglas!" „Ich hab einen kleinen Fisch oder was ist das, guck mal?!"

„Frau M., ist das wirklich ein Fisch? – Ooohhhh, wir haben eine Schlange gesehen, eine richtig echte Schlange!" „Wir haben eine Babywasserspinne gefangen und auch noch einen Regenwurm. – Warum kann die Spinne eigentlich auf dem Wasser laufen?"

Bei der Begeisterung in den Augen der Kinder geht mir das Herz auf. Sehen, Erfahren und Erleben verknüpft den Lerngegenstand und das eigene Leben. So kann sich wirkliches Verständnis entwickeln. Hier ergeben sich echte Fragen. Hier steckt das eigene Gefühl in der Sache. Daraus kann sich Weiteres entwickeln und ich freue mich auf die nächste Woche mit den „Kleinen". Genau deshalb will ich Lehrer werden.

Dezember

Ich bekomme zunehmend ein Gefühl dafür, woher die Verzweifelung mancher Referendare kommt. Zum einen sind die hohen Erwartungen von verschiedenen Seiten, plus die eigenen Ansprüche, eine erhebliche Belastung. Zum anderen beeindruckt die tägliche Erfahrungswelt Schule, die montags zu einem großartigen Nachmittag und dienstags zum Gegenteil führen kann. Gerade ist Prüfungszeit. Täglich kommen Referendare durch und täglich bestehen Referendare nicht, sondern scheitern krachend nach eineinhalb bis zwei harten Jahren. Vorhin habe ich erfahren, dass eine Mitstreiterin nach der 2. Prüfungsstunde durchgefallen ist. Zur mündlichen Prüfung braucht sie nicht mehr anzutreten. Sie muss sich nun beruflich neu orientieren, ohne zweites Staatsexamen und nach sieben Jahren Ausbildung. Für mich eine unfassbare Entwicklung! Andere bestehen locker mit Note 2 und freuen sich auf eine Weltreise und auf den ersten Job. Dies sind die kleinen Geschichten und Bilder, die zusätzlich in uns Referendaren arbeiten, die wir als Vorgriff auf das abspeichern, was in einem Jahr auf uns zukommt.

Wie mögen andere Referendare mit solchen Gedanken umgehen? Mit den Bildern im Kopf? Was tun sie nach der Schule am Nachmittag?

Februar

Mich erfreut, dass eine wahre Gewöhnung an das Geschehen im Referendariat stattfindet. Die große Aufregung vor immer wieder neuen Situationen hat mir teilweise keine Ruhe gelassen. Sogar meine Träume waren begleitet von Schülern, Klassen, Seminarleitern, Prüfungen …

Gedankenstress hatte mich vereinnahmt und sich plötzlich nach den letzten Ferien aufgelöst. Vielleicht habe ich auch einfach erkannt, dass ein Anspruch auf Perfektion im Referendariat nicht angebracht ist. Die Dinge, die ich erledigen kann, erledige ich, und wenn ich mal Freizeit brauche, gehört das zu meinem Menschsein dazu. Das verleiht mir die Kraft, weiterzumachen und alles nicht so eng zu sehen. Ich habe mich, soweit das möglich ist, an meine Rolle als Lehrerin gewöhnt. Bei den „Großen" fiel es mir schwerer. Ich habe sie für zu erwachsen gehalten, was sie schlichtweg noch nicht sind. Ich habe gelernt, mich nicht mehr auf jede Diskussion einzulassen, die nur ein Test der Schüler ist und keinen weiterbringt. Der Unterricht wird dadurch langweilig und unstrukturiert. Ich bin es gewohnt, die Menschen in ihren Anliegen ernst zu nehmen, mir Gedanken zu machen und auf Fragen zu antworten. Nun stehe ich vor der Gratwanderung, diese pubertierenden Schüler ernst zu nehmen und doch mein Anliegen durchzusetzen. 26 Schüler wollen 26 verschiedene Dinge, aber gemacht wird, was ich sage. Interessant ist, dass sie es wirklich alle tun, wenn ich klare Strukturen vorgebe. Ich habe gelernt, dass diese Sekundarschüler noch mehr Struktur brauchen als meine „Kleinen". Vorher dachte ich, das sei umgekehrt.

Durch diese kleinen Erkenntnisse fällt mir das Unterrichten sehr viel leichter und mein Unterricht läuft, zwar manchmal mit Murren und Maulen, aber das gehört wohl dazu. Jedenfalls scheinen alle zufrieden.

So häufen sich im Moment die positiven Erlebnisse auf meinem Weg. Dass die Klassenlehrerin – meine Mentorin – „meiner" Grundschulklasse sechs Wochen wegen Krankheit ausfiel, hatte für mich etwas Positives. Die Klasse und ich sind wirklich zusammen gewachsen und ich habe sie richtig ins Herz geschlossen. Ich liebe die direkte Art von Kindern, bei denen man immer sofort weiß, woran man ist. Sie folgen spontan ihren Gefühlen.

Durch den Wechsel zwischen meinen beiden Schulen verspätete ich mich zur Sportstunde der Grundschulklasse. Die Schüler waren in ihrem Klassenraum und dachten, dass nun der Sport ausfiele und ich nicht mehr käme. Ich hetzte zu ihrem Klassenraum hinauf und hörte schon im Treppenhaus die freudigen Kinderstimmen „Frau M. ist da, Frau M. ist da"! Als ich dann oben angelangt war, rannten mich dreißig Drittklässler fast um und umarmten mich vor lauter Freude mich zu sehen. – Ich war sehr gerührt.

Im Allgemeinen kann ich sagen, dass mit beiden Schulen und Mentoren, ja sogar mit der Organisation jetzt alles gut läuft. Ich weiß endlich, was ich will. Am Anfang hatte ich das Problem, dass ich noch nicht genau einschätzen konnte, „wie der Hase läuft". Welche Regeln gibt es an den Schulen? Darf ich dies oder das einfach sagen, wollen oder fragen? Jetzt habe ich eine Vorstellung davon, was angemessen ist und bin einfach direkt. Ich möchte, dass mein Mentor einmal die Woche bei mir hospitiert und er kommt dem nach, weil ich es eingefordert habe. Das ist großartig und gibt mir Sicherheit.

Juni

Meine Ausbildung nähert sich dem Ende – dem finalen Examen. Ich habe den „Osterschock" mit den massiven Abbruchgedanken ganz gut überstanden. Mittlerweile plane ich zumindest langfristiger, wenn auch noch nicht besser, wie mir meine unfassbar schlauen Fachleiter immer wieder sagen. Neben der Examensarbeit habe ich drei der strapaziösen Vorführstunden bewältigt. Ich kann die kommenden Ferien gut gebrauchen.

Ansonsten stellt sich das Referendariat immer mehr als „zeitweise Qual" heraus. Es herrscht keine Transparenz. Die Betreuung erfolgt lediglich punktuell, mit teils vernichtender Kritik. Gespräche verlaufen destruktiv statt konstruktiv. Hinweise, die ich nicht immer im Schulalltag umsetzen kann, erhalte ich nur auf theoretischer Ebene.

Dafür habe ich aber in der Schule mehr und mehr Spaß. Die Schüler lernen gern bei mir. Meine Stelle ist mir sicher. Die Kollegen scheinen mich zu schätzen und freuen sich mit mir auf den November, wenn ich dann hoffentlich richtig einsteige und schaue, wie weit mich der Lehrerberuf in den nächsten Jahren tragen wird. Zudem schreibe ich nun für ein Sportmagazin, sodass ich schon ein wenig in der „Nische" arbeite, die mir vielleicht irgendwann den Absprung ermöglicht oder mir das Schreiben nebenbei erlaubt.

Total missglückter BUB

Nach nur fünf Ausbildungsstunden in einer Unterrichtseinheit zum Thema „Die Marquise von O" (Kleist) in Klasse 11 sollte ich einen BUB (Besonderer Unterrichtsbesuch) haben. Ich konnte zwar zu der Klasse ein gutes Verhältnis aufbauen, wusste aber insgesamt zu wenig über ihre Vorkenntnisse. Diese geringe Erfahrung war der erste Punkt, der mir später in meinem Entwurf angekreidet wurde.

Die Stunde selbst begann schlecht. Als Einstieg hatte ich das Kinoplakat auf Folie vorbereitet, das ich durch stummen Impuls präsentieren wollte. Doch was mache ich? Ich rede mitten in die Folienpräsentation hinein.

Ich war total nervös und von dem Rattenschwanz an Besuchern so beeindruckt, dass ich nicht an mich halten konnte und in den stummen Impuls hineinquatschte: „So, ich habe euch ein Bild mitgebracht." – Banaler Blödsinn.

Durch diesen Fauxpas ist mir meine Konzentration für die Stunde abhanden gekommen. Ich fragte mich innerlich nur immer wieder: „Warum musstest du da reinquatschen?"

Dann beging ich weitere Fehler. Die Sammlung von Eindrücken der Schüler verlief zu gesteuert. Ich ließ nicht reden, sondern gab zu viele verbale Rückmeldungen. Obwohl diese Phase zwar einige gute Erkenntnisse brachte, war ich zu wenig konzentriert, diese wirklich zu hören und überging sie bei der weiteren Erarbeitung bzw. Sicherung.

Die Erarbeitung selbst lief ziemlich aus dem Ruder. Ich hatte nicht kalkuliert, dass die Schüler so lange brauchen würden. Anschließend fehlte mir die Zeit für die Sicherungs- und Vertiefungsphase. Die Ergebnisse der Stunde waren deswegen recht gering.

Die anschließende Besprechung war daher echt hart. Nach meinen eigenen Ausführungen musste ich mir sehr deutliche Worte meines Fachleiters für eine gefühlte Stunde anhören.

Die Frage ist immer: Was macht man während dieser Tiraden von Kritik?

Ich habe mir angewöhnt, auf meinen Zettel zu sehen und die Kritikpunkte mitzuschreiben und währenddessen zustimmende Phrasen „Stimmt!", „Da haben Sie recht!", „Ach ja!" zu murmeln. Diese Momente nach misslungenen Stunden sind mit Abstand das Schlimmste am ganzen Referendariat! Ich denke auch, dass nahezu jeder Lehrer, wenn er über das Grauen der Ausbildung spricht, an exakt diese Unterrichtsnachbesprechungen denkt.

Schlimm sind dabei nicht so sehr inhaltliche Detailfehler, die man im Entwurf anders hätte schreiben oder bedenken können, sondern vielmehr die Kritik am eigenen Wesen.

Denn das Feilen an der Aussprache, die zu große Freundlichkeit gegenüber Schülern oder das Verhaspeln vor der Klasse sind Dinge, die weit schwerer zu korrigieren sind als inhaltliche Unstimmigkeiten.

Es dauert Jahre, bis man die eigenen Probleme im Zaum oder gar abgestellt hat.

Auch ist die Frage, wie man auf die Generalkritik von Fachleiter, Seminarleiter und Rektor im Anschluss an einen Unterrichtsbesuch reagieren soll. Hier empfiehlt sich am ehesten eine Gratwanderung.

Weder sollte man einknicken und den Zuschauern in jedem Punkt beipflichten, noch sollte man sich ständig in einer Rechtfertigungshaltung befinden. Nach Kräften muss man versuchen, im Anschluss an die Kritiken einen bis zwei Aspekte aus eigener Sicht zurechtzurücken bzw. zu relativieren. Dies zeigt weder totale Unterwürfigkeit, die ein Lehrer nicht haben sollte, noch die Verschlossenheit gegen Verbesserungsvorschläge. Denn auch diese sollte man nicht an den Tag legen, sondern sich stets auch reflektieren und damit verändern können.

Wochenenden sind Leuchttürme

Auch wenn viele Referendare diesen Begriff scheinbar nicht kennen, ist der private Ausgleich unerlässlich für das eigene Wohlbefinden.

Ich habe zeitweise gar den Eindruck gehabt, die Wochenenden wären anstrengender als die Wochen. Zwar muss man schon viele Unterrichtsbesuche über sich ergehen lassen und reichlich Arbeit in die Vorbereitungen von Unterricht investieren, doch ist es unerlässlich, sich parallel abzulenken und stupide zu feiern oder auch mal über die Stränge zu schlagen. Gerade wenn auch noch dazu kommt, dass durch das Referendariat die eigene Beziehung scheitert, braucht man Möglichkeiten der Ablenkung. Wochenenden als „Leuchttürme", deren Licht die Woche überstrahlt und auf die man sich während nervender Vorbereitungen, Korrekturen oder Unterrichtsbesuchserstellungen freuen kann.

Dadurch, dass ich Wochenende für Wochenende aus meiner Kleinstadt fliehen kann, gelingt es mir Stimmung und Energie für die Schule immer wieder aufzufrischen und voller Motivation wieder ans Werk zu gehen.

Tief

Sonntagnacht war der Tiefpunkt erreicht: Bei dem großen Besuch wollte ich gern die Studentenbewegung thematisieren, obwohl mir der betreuende Lehrer abgeraten hatte. Ich habe die Planung dennoch vorangetrieben, um es irgendwie hinzubekommen. Gegen 20 Uhr sagte mir der Lehrer, dass die Stunde so nicht laufen würde, weil ich mich in das Thema verliebt hätte. Er zeigte mir vier didaktische Alternativen auf, um zumindest den Inhalt zu retten. Ich hätte noch zwei Seiten neu schreiben müssen, plus Neuformulierung der Lernziele und des Unterrichtsverlaufes. Es ging nicht. In den folgenden 15 Stunden bis zur Abgabe des Entwurfes habe ich nichts geschrieben. Stattdessen habe ich alleine und auch mit meiner Freundin gegrübelt, die Tränen meiner Freundin irgendwie versucht zu ertragen und mich gedanklich vom Referendariat und dem Job verabschiedet. Meine Motivationsprobleme und Hemmungen vor allem bei der Unterrichtsvorbereitung sind einfach zu groß geworden. Am Sonntag fehlt mir jegliche Motivation. Unbehagen kommt schon beim Aufschlagen eines Schulbuches, beim Lesen von Spiegel-Online-Artikeln auf. Ich denke, dass ich meinen Schülern den ökonomischen Zusammenhang nicht erklären könnte. In einer Woche hatte ich mehrere Nächte in Folge nur drei Stunden Schlaf. In der nächsten Woche bin ich zwei Mal um vier Uhr aufgestanden, um vor dem Unterricht noch drei Stunden zu arbeiten. Mit anderen Worten: Mir ist die Situation in den letzten Wochen um die Ohren geflogen, mit dem Höhepunkt am letzten Sonntag.

Montag habe ich mich krankgemeldet, habe den großen Besuch abgesagt und die Examensstunde auch. Seitdem merke ich, wie schwer sich die berufliche Umorientierung/Alternativsuche gestaltet. Alle sagen mir, wie unvernünftig ein Abbruch wäre, ich solle mich durchbeißen und später entscheiden. Sie geben mir den Hinweis, dass der Berufsalltag anders (leichter?) wird. Ich solle auch an meine Freundin und das Geld denken, denn am 1. geht die Miete ab. Ein Abbruch ohne Alternative führt massiv zu gesellschaftlichem, familiärem und persönlichem Gegenwind!

Meine Zweifel sind seitdem nicht gewichen, aber zwei freie Tage haben die unmittelbare Verzweiflung etwas zurückgedrängt. Zudem hat die Vernunft die pure Emotionalität bekämpft. Ein Gefühl von Nüchternheit und Verharmlosung setzt ein. Wie lässt sich die Situation für die Schule, mein Umfeld und mich am besten lösen? Es doch noch mal zu probieren scheint der vernünftigste Weg, aber löst das meine Probleme?

Wenn der Abbruch des Referendariats das Ergebnis des Gespräches mit dem Schulleiter sein sollte, steht da das Nichts vor der Tür: Kein Job, kein Einkommen, kein Geld, nur Idealismus! – Was soll ich tun?

Ratschläge eines Aussteigers

Bedenke, dass die Ausbildung dich nicht auf die Wirklichkeit des Lehrerberufs vorbereitet. Vergiss nicht, was du im Referendariat lernst, aber stell dich von vornherein darauf ein, dass es später so nicht sein wird. Das kennst du ja schon aus dem Studium.

Hüte dich vor dem Tunnelblick! Es gibt Wichtigeres als das Referendariat, auch wenn du durch den täglichen Stress dafür leicht die Perspektive verlierst. Versuche, die Ausbildung nicht zu wichtig zu nehmen. Es ist ein täglicher, wenn nicht stündlicher Kampf. Behalte einen klaren Kopf, damit du nicht durchdrehst.

Sprich mit fertigen Kollegen. Die haben häufig Mitleid und berichten von eigenen Erfahrungen. Mancher rückt dir auch mal den Kopf zurecht.

Wie beim Burnout ist auch im Referendariat ein sozialer Puffer das einzige, was wirklich hilft. Zwing dich, aus dem Haus zu gehen, Ausflüge zu machen oder mit Freunden etwas zu unternehmen!

Theorie und Praxis

Alle reden mit. Beim Thema „Schule und Lehrer" fühlt sich offenbar jeder dazu berechtigt, denn schließlich ist jeder irgendwann selbst zur Schule gegangen.

Kennen Sie auch nur einen einzigen anderen Beruf, in den sich andere hineinzureden trauen?

Würde es Ihnen einfallen, Ihrem Steuerberater Ratschläge bei der Bearbeitung von Anträgen zu erteilen, nur weil Sie Steuern zahlen? Würden Sie Ihrem Automechaniker Tipps zur Untersuchung eines Motors geben, nur weil Sie einen Führerschein haben? Würde irgendwer einem Chirurgen erklären, wie er eine Naht setzen muss, nur weil er eine Arztserie im Fernsehen verfolgt?

Lehrer sind durchsichtig. Täglich erzählen Kinder zu Hause, was ihre Lehrer getan oder gelassen haben. Wenn Eltern sich treffen, geht das Gespräch schnell um die unfähige Mathelehrerin. Nur selten wird Objektivität hergestellt. Nur selten hat die Mathelehrerin eine faire Chance. Aber es hat sich noch niemand gefunden, der spontan mit der Mathelehrerin und ihrer Arbeit tauschen wollte. „Nein, das würde ich mir nicht antun! Wo die Kinder heute so wenig Respekt haben."

In so mancher Diskussion über Disziplinfragen in der Schule hört man: „Da muss man doch durchgreifen. Dazu werden Lehrer doch pädagogisch geschult."

Niemand, der solche Äußerungen tut, hat jemals vor 29 hochpubertären Achtklässlern gestanden. Niemand hat erlebt, wie schnell da nicht nur junge Lehrer den Boden unter den Füßen verlieren können. Nur wenige sagen laut, dass Lehramtsstudenten an der Universität höchst selten lernen, wie sie diesen Situationen begegnen können. Zwischen Theorie und Praxis klafft der Grand Canyon.

Die praktische Ausbildung fehlt

Häufig klagen Referendare über die zu geringe Ausrichtung der universitären Ausbildung auf den Schulalltag. Beim Umgang mit schwierigen Schülern zeigt sich deutlich, dass fachliche Aspekte zu sehr im Vordergrund stehen.

Der Hinweis der didaktischen Leiterin unserer Schule, dass die ersten vier Wochen für die Gruppenbildung am wichtigsten sind und auch Konflikte nicht verteufelt werden sollten, ist sicher gut und richtig. Natürlich müssen Gruppenbildung und Bindungen erst entstehen. Wiederum ist dieser Hinweis auch sehr theoretisch. Für mich als Referendar bleibt die elementare Frage: Was tun in der konkreten Situation?

Diese Frage ist nicht statisch, sie ist keine Einzelfallentscheidung, sie ist auch nicht Resultat ausdauernden Abwägens, diese Frage ist bohrend. Sie drängt sich auf, stellt sich in 45 Minuten vermutlich 45 Mal. Lehrer mit jahrelanger Erfahrung können auf Verhaltensmuster zurückgreifen, haben Dinge „schon einmal" erlebt, haben pädagogische Routine und die „Reflexion am Nachmittag" über Jahre gespeichert.

Der Referendar kann auf all das nicht zurückgreifen. Vermutlich mit reichlich theoretischem Background, einer gesunden Sympathie für die Schüler und einem halbwegs intuitiven Gefühl für pädagogische Entscheidungen, hat er eine Klasse mit 30 Schülern zu beglücken. Er möchte beginnen, aber auf dem Flur vor dem Klassenzimmer schlagen sich zwei Schüler einer anderen Klasse. Die eigenen Schüler stehen drum herum und schreien durch die Gegend. Im Klassenraum beschwert sich eine Schülerin: „Kai* schiebt mir ständig die Schere in den Arsch." Eine weitere Schülerin hat Bauchschmerzen, eine andere Kopfschmerzen. Beide wollen Zuwendung, was dazu führt, dass die anderen 28 weiter Alarm machen. Drei Schüler haben ihr Material nicht am Platz und nehmen auf dem Weg zu ihrem Fach die Chance wahr, Mitschüler zu schubsen oder sie zumindest auszulachen. Der nächste möchte am Pult petzen, dass Ayhan* ihm ein Bein gestellt hat. – Unterricht soll der Referendar übrigens auch noch machen, fachlich korrekt, dem Curriculum verpflichtet, methodisch anspruchsvoll, modern, schülernah, an integrativen Schulen auch noch differenziert.

Bei Kai*, einem meiner schwierigen Schüler, habe ich das Gefühl, dass er die Rückmeldung sucht. Er provoziert, um Aufmerksamkeit zu bekommen. Je lauter ich werde, desto häufiger stört er. Ich probiere einen angemessenen Umgang, das Variieren des Tons. Ich biete individuelle Hilfe und rege Hilfe durch Mitschüler an. Dieses tägliche Probieren ist eine anregende, wenn auch sehr anstrengende Erfahrung.

Ein Tipp von der „Uni" hat sich bislang bewahrheitet: Bei Unterrichtsstörungen ist die Prävention meist wichtiger als die Reaktion. Wie lassen sich Störungen vermeiden? Die richtige Materialauswahl und Methodenentscheidung, sowie klare Ansagen sind unabdingbar. Ich muss den Unterrichtsfluss gewährleisten, die Schüler durch Blicke und Verhalten steuern. Störungen lassen sich durch Gesten unterbinden. Hier schließt sich der Kreis: Angemessene Prävention erfordert Routine, Persönlichkeitsbildung, Zeitaufwand und Kraft.

Das sind Lernprozesse, auf die man an der Uni nicht vorbereitet wird. Sie erfordern viel Ehrlichkeit sich selbst gegenüber – jeden Tag. Man wird mit sich selbst konfrontiert und bekommt Feedback von Lehrern, Eltern und von Schülern: „Können wir nicht mal etwas anderes machen, das Thema ist so langweilig!?" – „Ich habe gestern mit meiner Mutter darüber gesprochen, was man dagegen tun kann, dass es bei Ihnen im Unterricht manchmal so laut ist."

Täglich wird man auf sich selbst zurückgeworfen. Nachmittage lang bekomme ich Bilder aus Stunden, Sätze von Schülern nicht aus dem Kopf. Ich grübele, ob es der richtige Job ist, oder harmloser, ob ich am Vormittag einen guten Job gemacht habe. Diese Reflexionsarbeit ist wichtig und wird von den Fachleitern auch eingefordert, wenn man direkt nach einem Unterrichtsbesuch Stellung dazu beziehen soll, was an der Stunde gelungen und was weniger gelungen war.

Kurzum: Es geht um die Entwicklung der Lehrerpersönlichkeit, die vermutlich nie endet, aber in den ersten Monaten und Jahren ganz besonders an einem zehrt. An der Uni liest sich das trocken und klingt machbar. In der Praxis fühlt sich dieser Prozess spannend, beglückend, frustrierend, anregend, lehrreich, schmerzvoll, erbauend, erfolgreich oder stagnierend an. Diese Verwirrung der Eindrücke und Gefühle scheint die meisten Referendare zu beschäftigen. Helfen können: Persönlichkeit, Überzeugung, Selbstvertrauen, eine gute Schule, Mitreferendare, Kollegen, Schlaf, Schokolade, Ehrlichkeit sich selbst gegenüber, Sport, und – wie gestandene Lehrer raten – „Loslassen".

Was für Regeln?

Lehrer haben sich schon immer darüber beklagt, dass Schüler keine Regeln einhalten können. Dennoch berichten auch erfahrene Kollegen von deutlich zunehmendem Regelverfall in den Schulen.

Regeln stellen zuerst die Eltern auf. Das Kind lernt, diese zu befolgen. Tut es das nicht, müssen Eltern Konsequenzen ziehen. Und genau an diesem Punkt ist eine Veränderung zu beobachten. Immer öfter ist es Eltern zu anstrengend, am Ball zu bleiben. Immer seltener bestehen sie auf dem Einhalten ihrer Regeln. Immer häufiger vernachlässigen sie, Konsequenzen zu ziehen, die das Kind spürt.

Regeln einzuhalten, bedeutet Disziplin zu haben. Weder eigene Meinung noch persönliche Stimmung sind hier gefragt. Es geht nur darum, die Regel zu akzeptieren.

In der Schule baden wir aus, was Elternhäuser versäumen. Sie als Referendar oder Lehrer stehen vor der Aufgabe, Ihren Schülern klar zu machen, dass es in der Gemeinschaft ohne Einhalten von Regeln nicht geht. Manche Ihrer Schützlinge wird das sehr überraschen. Umso klarer müssen Sie ihnen die Vorteile aufzeigen, die ein solches Verhalten hat.

Daniels* Mutter ist genervt. Er hat schon wieder eine Fünf im Vokabeltest geschrieben. Schüler und Eltern dieser Klasse wissen, dass jeden Freitag ein Test fällig ist. Trotzdem lernen viele Kinder die Wörter nicht. Sie halten die Regel „Vokabeln zu Freitag können" nicht ein. Auch die Geschichtsmappe, für die drei Monate Zeit war, hat nur die Hälfte der Schüler zum angesetzten Termin abgegeben.

Im Gespräch mit der Lehrerin beklagt sich Daniels Mutter darüber, dass die Schule zu hohe Anforderungen an die Kinder stelle. In jedem Fach gebe es Hausaufgaben. Die Lehrerin nimmt diesen Ball nicht an. Sie ist der Ansicht, dass es keine Überforderung, sondern eine Notwendigkeit ist, dass die Schüler genau definierte Aufgaben termingerecht zu erledigen lernen. Sie findet auch, dass

Eltern ihre Kinder dabei unterstützen sollten. „Das Leben ist kein Wunschkonzert", teilt sie Daniels Mutter mit. „Sie helfen Ihrem Kind nicht, wenn Sie seine gleichgültige Haltung unterstützen. Daniel entscheidet nicht über Regeln. Er muss sich anstrengen wollen. Er muss wissen, dass seine Mühe belohnt wird, wenn er Regeln einhält. Er wird erkennen, wie gut es sich anfühlt, die Vokabeln zu wissen, wenn der Test ansteht."

Referendare sind durch das Einfordern von Regeln und das Ahnden von Verstößen täglich gefordert.

Konsequenz muss sein

Nach den Sommerferien starte ich mit Sport in Klasse 7. Ankommen in der Schule scheint auch für die Schüler nicht leicht.

Jetzt sitzen sie da und haben doch wenigstens ihren Platz in ihrer Gruppe gefunden. Allerdings haben sie keinen blassen Schimmer, was sie tun sollen. Keiner hört zu. Sie albern herum und warten auf ihre Aufgabe, die ich längst gestellt habe.

„Warum müssen wir Frisbee spielen?" „Ich will nicht Frisbee spielen!" „Müssen wir das die ganze Stunde machen?" „Der da ist unfair, der hat mir ein Bein gestellt!"

Dinge, die man als Schüler im Sport noch nicht kennengelernt hat, erscheinen als große Hürde. Es ist gar nicht einfach eine Frisbeescheibe zielgenau, mit richtigem Tempo loszuschicken. Das braucht ausreichend Erläuterung. Auch die Regeln für das Spiel müssen festgelegt werden. Ich versuche den Schülern zu verdeutlichen, dass sie sich in ihrer Gruppe Gedanken über Spielregeln machen sollen. Wie kann ein Frisbee Spiel – drei gegen drei – laufen? Was gehört dazu?

Es sieht so aus, als hätten diese Kinder so etwas noch nie gemacht. „Nein wir wollen nicht am Gespräch teilnehmen!" – Das Getobe geht weiter. Sie schubsen sich gegenseitig. Einer fliegt gegen die Wand. Er trägt eine Abschürfung am Ellenbogen davon. Der Geräuschpegel ist erheblich. Ich pfeife sie nun heftig an. Erschrockenes Schweigen. Ich stelle die Alternative, das Ganze schriftlich im Klassenraum zu machen, zur Auswahl. Das wollen sie nicht und von da ab läuft es reibungsloser. Während ich den Ellenbogen verarzte, schafften es die Gruppen dann doch, Regeln zu erarbeiten. Einige erfinden eine Abwandlung des Brennballspiels, die wir dann alle gemeinsam spielen.

Ich glaube das Thema „selbstständiges Arbeiten im Sportunterricht" müssen wir noch etwas üben. Auch daran, wie sehr man eine Referendarin testen und stressen kann.

Wenn ich den Schülern Verhaltensregeln und Konsequenzen von vornherein klarmache, wird es ihnen besser gelingen, Grenzen zu erkennen.

Regeln sind Grenzen

Das Einhalten von Regeln gehört zu den wichtigsten Aufgaben für Schüler und Lehrer. Dabei kommt es weniger darauf an, um welche Regeln es sich jeweils handelt. Wichtig ist vor allem, dass sie ohne Wenn und Aber eingehalten werden. Lehrer, die Regeln aufstellen, um sie dann nicht wichtig zu nehmen oder zu verwerfen, untergraben ihre Autorität selbst. Schüler, die ungestraft gegen Regeln verstoßen, verstehen das als Freibrief. Das führt zu großer Unzufriedenheit, denn junge Menschen brauchen Grenzen, um sich selbst zu erfahren. Grenzen geben Halt. Regeln sind Grenzen.

Regeln üben kostet Kraft

Regeln sind überlebenswichtig, aber bis diese auch wirklich von allen eingehalten werden, vergeht viel Zeit. Tägliche Übung ist nötig, ständiges Hinweisen und konsequentes Ahnden von Verstößen. All dies ist jedoch gruppenabhängig. Obwohl Regeln in höheren Klassen eher verinnerlicht sind, ändern sich die Störungsarten.

Die Regeln an meiner Schule sind überschaubar. Zu Beginn der Stunde stehen die Schüler auf und begrüßen den Lehrer. Das klappt. Die für die nächste Stunde nötigen Materialien liegen rechtzeitig auf dem Tisch. Das klappt bei den meisten Schülern. Schüler melden sich leise und sprechen erst, wenn sie aufgerufen wurden. Das klappt bei einigen nicht. – Tipp vom Fachleiter: Ignorieren Sie Schüler, die in die Klasse rufen, das sorgt für Nachlassen. Wir halten zusammen. Das klappt nur selten, denn individuelle Platz-Kämpfe herrschen noch vor.

Klarheit in den Ansagen und Aufgaben, Konsequenz und eine liebevolle Strenge, das könnte der Weg sein, aber gefühlt ist dieser Weg lang.

In einer Vertretungsstunde erlebe ich, wie streng, klar und verbindlich der Lehrer den Schülern gegenüber auftritt. Bei den Schülern nehme ich einen leichten Anflug von „Angst" vor dem anderen Lehrer wahr. Ich merke deutlich: Dies ist ein schmaler Grat! Abhängig von der Persönlichkeit, vom Tonfall, von der Situation, von der Erfahrung. Für mich ist das Anlass zur Selbstreflexion. Wie verhalte ich mich? Wie verbindlich wirke ich? Muss ich strenger sein? Kann ich strenger sein?

Regeln üben kostet Kraft. Das Beobachten des Erfolges gibt Kraft. Gelungene Stunden verdrängen die Zweifel. Kreative Themen und Zugänge sowie aktive Schülermitarbeit spenden Zuversicht und stärken das Selbstvertrauen.

Patentrezepte gibt es nicht

Jeder Lehrer weiß es. Diese Arbeit läuft nicht nach Rezept. Wer mit Menschen zu tun hat, womöglich noch mit ganz kleinen oder pubertierenden, erkennt schnell, dass tägliche Überraschungen und Ausnahmesituationen die Regel sind. Unabhängig von Schulstruktur und wechselnd aktuellem pädagogischem Trend muss jeder Referendar und jeder Lehrer den Unterricht nach seinen ganz persönlichen Strukturen und Bedürfnissen ausrichten.

Nur wenn Sie authentisch sind, werden Sie diese Arbeit bis zum Ende durchhalten.

Man kann sagen, was man will, aber Schüler sind wie ein Rudel junger Hunde – sie riechen die Angst und die Unsicherheit!

An meinem dörflichen Gymnasium hatte ich als Referendarin dennoch kaum Probleme. Meist waren die Schüler gespannt und haben sich gefreut, wenn ich kam. Es war natürlich eine Ausnahmesituation für alle Seiten. Für die Schüler war es manchmal ganz schön anstrengend, wenn ich mein Methodenfeuerwerk an ihnen ausprobierte. Hin und wieder machte ich auch echt miese Stunden und überforderte sie maßlos. In meinen eigenen Klassen hatte ich am Anfang ein paar Probleme, die wir aber ganz offen besprochen und dann auch geklärt haben. Nach den zwei Jahren war ich supertraurig, dass ich die Klasse abgeben musste, weil mir alle total ans Herz gewachsen waren und wir eine schöne Zeit hatten.

In der Oberstufe lief es anders. Die Schüler nahmen mich weniger als Autoritätsperson wahr. Irgendwie war da etwas Unsicheres. Vielleicht lag das am geringen Altersunterschied? Die meisten dachten wahrscheinlich: „Die ist ja kaum älter als ich. Sie ist in der Ausbildung. So geht es mir auch bald. Dann will ich mal nett sein, die lernt ja noch."

Fakt ist, fast alle OS-Schüler waren aufgeschlossen und haben gemacht, was ich von ihnen forderte. Aber eher aus Sympathie. Wenn die nicht gewollt hätten, wäre ich geliefert gewesen und das wussten sie auch. Man hat ja im Referendariat null Chancen sich zu behaupten, wenn es nicht um die eigenen Klassen geht, denen man Noten gibt. Klar könnte man zeigen, dass man ihnen sechs Jahre Studium voraus ist, viel mehr weiß, mehr Lebenserfahrung hat. Aber mal ehrlich, ich musste mich in die Themen des Zentralabiturs genauso einlesen wie sie. Ich hatte auch keine Ahnung davon und musste erstmal tonnenweise Bücher dazu wälzen.

Durch mein Fach „Englisch" ergaben sich besondere Probleme. Vor lauter Angst und Unsicherheit vor 19-Jährigen zu stehen, hatte ich Sprechhemmungen. Meine Englischausbildung war nicht optimal gelaufen und mein Englisch zurzeit des Referendariats wahrscheinlich auf dem Niveau eines guten OS-Schülers.

In einem Kurs hatte ich von Anfang an Probleme mit zwei männlichen Schülern, die bei allen Lehrern als arrogant und fies verschrien waren. Beide waren nicht sehr gut in Englisch, taten aber, als wären sie die Kings. Beide hatten gerade erst einen Auslandsaufenthalt hinter sich und profilierten sich durch ein Kaugummi-Kauderwelsch-Genuschel, das dem Ganzen den Anschein gab, als seien sie gerade von einem Selbstfindungstrip durch die Südstaaten zurück und müssten uns jetzt die Welt erklären. Tatsächlich beschränkten sich ihre Beiträge meist auf „Yeah, whatever!" Als mich die Fachlehrerin vorstellte, ließen sie frech zurückgelehnt und sarkastisch verlauten: „Yeah, sounds like fun …!" Ich habe es ihnen natürlich auch leicht gemacht. Das Buch, das ich zu unterrichten hatte, war echt Mist. Lehrer, Ausbilder und Schüler haben es gehasst. Das Thema war mega schwer. Durch meine Unsicherheit war ich viel zu nett und habe reichlich Fehler gemacht. Ich war der Meinung, ich müsse aufgrund des Referendariats immer irgendwelche putzigen Methoden anwenden. Die zwei Schüler ergötzten sich hämisch. Sie ließen ihrem Unmut über jedwede Methode freien Lauf und arbeiteten bewusst nicht mit. Wenn sie sich dann doch zu Wort meldeten, dann nur um in feinstem Kauderwelsch den Satz des Jahrhunderts zu präsentieren, der mir beweisen sollte, wie gut sie das können.

110

Die Fachlehrerin nahm sie sich zur Brust, was allerdings nichts half. Während der Gruppenarbeit versuchten sie mich dann auszufragen. Dass es sich um Interesse handelte, bezweifle ich. Fragen über die Länge meines Studiums und meine Auslandsaufenthalte sollten mich eindeutig diskreditieren. Heute würde ich solches Verhalten anders kontern, damals war ich viel zu unsicher. Mittlerweile habe ich mich an das Sprechen vor älteren Schülern gewöhnt und mit meinem jetzigen 13er-Kurs habe ich keine Probleme.

Die Situation im Referendariat ist derart verzwickt, dass es den Schülern ein Leichtes ist, dich zu schikanieren, wenn sie wollen. Als Lehramtsanwärter hat man kaum Druckmittel, man ist jung und unsicher. Besonders Frauen neigen offenbar dazu, am liebsten jedermanns Freund sein zu wollen. Dazu kommt, dass man kaum Erfahrungen hat. Praktisch lernt man mit den Schülern mit und plant den Unterricht viel zu sorgfältig und eng. Das raubt einem jegliche Spontaneität, macht unsicher und anfällig für Fehler. Perfekte Voraussetzungen für so kleine arrogante Kerlchen.

Als „richtiger" Lehrer ist die Situation ganz anders. Ich habe wenig Zeit zum Vorbereiten und gehe dadurch viel entspannter und spontaner an den Unterricht heran, frei nach dem Motto: Ich weiß, was am Schluss rauskommen muss. Das kriegen wir schon hin! Ich bin eine Autoritätsperson, weil ich fertig bin und Noten vergebe. Ein, wie ich finde, extrem wichtiger Faktor, der allerdings vom Studienseminar immer heruntergespielt und als Erpressungsmethode verkauft wurde. Außerdem bin ich heute viel relaxter und gehe mit einer völlig anderen Körperhaltung und Einstellung in meine Klassen.

Vielleicht sollte man als Referendar wirklich gecoacht werden. Ausbilder sollten einem beibringen, wie man sich besser verkauft. In der Praxis wird man eigentlich auf das Gegenteil getrimmt: Bereite den Unterricht extrem gut vor, dann passiert auch nichts. Beachte die Tipps zur Vermeidung von Unruhe. Wenn es dann trotzdem nicht klappt, bist du selbst schuld. Das Verhalten der Schüler erscheint nur konsequent und gerechtfertigt. Ein Coaching, das mich aufgerichtet hätte, nach dem Motto „Du bist wer, auch wenn du gerade noch lernst," hätte mir sehr geholfen.

Tatsächlich jedenfalls haben sich all diese Tipps und Tricks meiner Ausbilder als wenig wirksam erwiesen. Als meine achte Klasse, schwer pubertierend, über Tische und Bänke ging, haben sie mir nach intensivem Beobachten der Situation empfohlen: „Machen Sie doch mal Druck über die Note!" Und: „Sie müssen die mal richtig bloßstellen und ihnen zeigen, dass sie nix können. Das klappt immer!" – Das hat sie dann endlich menschlich gemacht, und mir gezeigt dass auch die Fachleiter anscheinend schon solche Probleme hatten. – Wie beruhigend.

Enttäuschung

Die Unterrichtseinheit über Australien wollte ich in meiner 9. Klasse ganz besonders ausgefeilt beginnen. Tagelang hatte ich die Stunde vorbereitet. Als Referendar tut man sich eben nicht so leicht. Am Tag X kam ich mit Bergen von Realien zum Klassenraum. Die Tür ließ sich nicht öffnen. Sie war offenbar von innen mit einem Besen versperrt. Ich konnte es nicht fassen! Mein Verhältnis zu dieser Klasse war gut. Warum taten sie das? Mir fehlte jedes Verständnis für die offenkundig pubertäre Aktion der Schüler. Ich war stinksauer.

An die Tür zu klopfen und um Einlass zu bitten, fand ich unter meiner Würde. Außerdem wollte ich nicht, dass andere das mitbekamen. Ich beschloss, den Spieß umzudrehen und schloss die Tür von außen ab. Zehn Minuten dauerte die Zerreißprobe. Drinnen wurde die Klasse derweil immer stiller. In mir kochte nicht nur Wut, sondern ich schämte mich auch. Diese Aktion der Schüler bezog ich auf mich, weil ich sie offensichtlich zu wenig zur Disziplin angehalten hatte. Die Entwicklungsphase der Jugendlichen ließ ich völlig außer Acht.

Dann nahmen sie irgendwann die Blockade weg und bemerkten, dass die Tür abgeschlossen war. – Stille. – Nach einer angemessenen Pause, mein Stolz verbot mir reinzustürzen, schloss ich auf und trat ein.

Die Schüler guckten mich mit großen Augen erwartungsvoll an. Was würde ich tun?

Normalerweise kam ich fröhlich und motiviert in die Klasse. So machte es einen großen Unterschied, dass ich nun eisig schwieg und meine Utensilien wortlos abstellte. Erst danach habe ich meiner Wut und Empörung freien Lauf gelassen.

Ich wartete. Niemand sagte etwas.

Dann rettete ich von der Stunde, was noch zu retten war. Ich war stolz, weil ich die Situation dann nicht mehr weiter erwähnte. Noch eine ganze Weile habe ich daran geknabbert, weil ich sehr unsicher war, ob ich mich richtig verhalten hatte. Mit meinem Fachleiter sprach ich über diesen Vorfall nicht, denn ich war mir sicher, dass man mir einen Strick daraus gedreht hätte.

Heute denke ich, dass es richtig war, den Schülern zu zeigen, was sie mit ihrer Aktion ausgelöst haben. Später hätte ich den Vorfall aber wohl noch einmal thematisieren sollen.

Verliebt in die Referendarin

Zum Französischkurs Klasse 11 hatte ich im Referendariat ein super Verhältnis. Kurz vor den Weihnachtsferien fiel mir auf, dass Bea* offenbar Probleme hatte. Ich bot ihr an, dass ich als Gesprächspartnerin zur Verfügung stände, wenn sie sich „auskotzen" wollte.

Ein paar Tage später steckte sie mir ein Zettelchen zu, das ich einsteckte und zum Glück erst im Lehrerzimmer öffnete. „Ich glaube, ich liebe Sie," stand da auf Französisch. Na prima! Ich bekam eine Panikattacke. Was tun? Wie sich verhalten? War ich zu nett gewesen? Hatte ich mich distanzlos verhalten? Ich musste verantwortungsvoll mit der Situation umgehen, fragte mich aber wie?! Mir fiel nur eins ein: Jetzt musste meine pädagogische Ausbilderin ran. Ich schrieb eine Mail und schilderte meinen Gemütszustand wohl ausreichend dramatisch. Jedenfalls klingelte postwendend das Telefon.

Meine Ausbilderin fragte erst einmal meine Empfindungen ab. „Erwidern Sie die Gefühle der Schülerin? Empfinden Sie für Frauen?" Ich war verwirrt. „Äh … Nein!" Was sollte das?

Sie bereitete mich dann auf das anstehende Gespräch mit der Schülerin vor: Was wollte ich erreichen? Wie fing ich das an? Wie käme ich aus der Schusslinie ohne Bea zu verletzen?

Tatsächlich kam es dann nicht zu diesem Gespräch, da Bea die restlichen Schultage vor den Ferien fehlte. Sie schrieb mir eine E-Mail, in der sie mir ihre Gefühle erklärte und dass sie sich eine Auszeit genommen hätte um „sich wieder einzukriegen". Ich antwortete freundlich und verständnisvoll, aber doch distanziert. Bea sollte einsehen, dass ich ihre Zuneigung wahrnahm und achtete, aber dass uns aufgrund der schulischen Situation Welten trennten.

Mit dem Abstand von Weihnachten und Neujahr dazwischen konnten wir – sehr zu unser beider Erleichterung – wieder normal miteinander umgehen.

Ich habe allerdings daraus gelernt, dass zu viel Nähe zu den Schülern nicht gut ist. Vorher hatte ich gedacht, es könnte doch nur von Vorteil sein, wenn ich mich blendend mit ihnen verstehe und sie mir vertrauen. Aber das ist eine schwierige Gratwanderung.

Eine ganz normale Klassenreise

Wir – die Klassenlehrerin, der Beratungslehrer, eine Schülermutter und ich – fahren mit 27 Siebtklässlern zum Surfen ans Salzhaff.
Schon am Bahnhof fällt Liman* das erste Mal negativ auf. Er trägt als einziger kein Schulshirt. Alle Jungen außer ihm helfen den Mädchen beim Einladen des Gepäcks. Unsere Plätze sind von älteren, überwiegend arabisch aussehenden Jungen besetzt. Frau G.* bittet sie freundlich, aber bestimmt, das Feld zu räumen. Auf freche Erwiderungen reagiert sie nicht. Sie schaut die Schüler durchdringend an: „Ab Platz 49 könnt ihr euch wieder hinsetzen. Danke für euer Verständnis." Maulend stehen die Jungen auf und verziehen sich. Un-

sere Schüler hieven ihre Koffer in die Ablagen und finden sich zu Gruppen zusammen. Sofort sind die ersten Kartenspiele auf dem Tisch. Andere teilen sich die Kopfhörer eines mp3-Players. Jannik* und Marcel* stopfen Kartoffelchips in sich hinein. Die drei Stunden bis zum Ziel vergehen wie im Fluge. „Nächster Halt Neubukow, Ausstieg rechts!" Wieder treten die Jungen in Aktion. Ich bin erstaunt, wie selbstlos sie zupacken. Anderen zu helfen, ist in dieser Klasse normal. Vier Großraum-Taxen bringen uns in das Surfdorf. Wir kommen durch verschlafene Orte. Einwohner sehen wir kaum.

Nach der Einweisung in Anlage und Unterkünfte bekommt jeder seinen Neoprenanzug. Die Schüler reagieren unterschiedlich. Einige sind schon gesurft, andere finden, dass die Anzüge „voll schwul" aussehen. Sie wollen zum Surfen bunte Boxershorts darüber ziehen. Gegen 17:30 Uhr treffen wir uns das erste Mal am Wasser.

Zwei Surflehrer teilen die Gruppe auf und geben erste Instruktionen. Bei den Wasserspielen scheint der starke Geruch verfaulender Algen die Kinder weniger zu stören, als ein paar kleine Quallen.

Danach müssen die Anzüge abgeduscht und auf links gedreht zum Trocknen gehängt werden. Als wir zum Abendbrot gehen wollen, finde ich auf der Terrasse eines Jungenhauses ein wüstes schwarzes Knäuel Surfgarderobe. „Wem gehört das?" frage ich ins Haus hinein. „Welche Farbe?" fragt jemand aus dem Dunkel zurück. „Orange". „Das könnte meiner sein," gibt Liman zu. „Ok, dann spül den Anzug bitte ab und häng ihn an den Ständer," weise ich ihn an. „Ja, gleich," kommt die gelangweilte Antwort. Als ich auf dem Rückweg wieder vorbeikomme, liegt der Anzug unverändert herum. Liman hängt vor dem Fernseher. Ich muss handeln, wenn mich die Schüler ernst nehmen sollen. Deshalb gehe ich in das Haus und schalte das Gerät ab. „So, Liman," sage ich freundlich, „jetzt hast du Zeit, dich um deinen Surfanzug zu kümmern." Der Junge verdreht die Augen, erhebt sich provokant langsam, gehorcht dann aber doch.– Ich bin froh, dass es nicht zu einer Kraftprobe kommt.

Nach dem Abendessen behauptet Philip*, es ginge ihm schlecht, er habe mehrfach gebrochen und auch Durchfall. Frau G. schaut mich viel sagend an. Wegen seines starken Heimwehs hat Philip noch keine Klassenreise durchgehalten. Weil es dem Jungen am nächsten Tag nicht besser geht, holt ihn seine Mutter ab. Sie hat geahnt, dass Philip es wieder nicht schaffen würde. Mit dreizehn ein eher seltenes Phänomen.

Wir müssen uns vorhalten lassen, dass Liman in der Nacht offenbar die Mädchen im Haus nebenan gestört hat.

Am folgenden Mittag müssen Liman, Abdullah* und Sihan* zwei Stunden Strand-Strafarbeit ableisten.

Ein Surflehrer hatte Brandgeruch wahrgenommen und die drei dabei überrascht, als sie das austretende Gas einer Treibgasdose anzündeten. – Lehrer finden es nicht ungewöhnlich, dass immer wieder Jungen von diesem Abenteuer fasziniert sind. Dennoch muss zur Abschreckung anderer eine Strafe erfolgen. Nicht auszudenken, was dort mitten im Wald hätte passieren können.

Wir beraten, welche Folgen angemessen sind. Die Jungen sollen auch am nächsten Morgen zwei Stunden stinkende Algen schaufeln und wir informieren die Eltern darüber, dass sie ihre Kinder bei weiteren Fehlverhalten abholen müssen.

Diese Information erfolgt im Beisein der gesamten Klasse. Frau G. schildert sehr anschaulich, wie so eine Treibgasdose explodieren kann. Dann ruft sie nacheinander die Eltern an. Limans Mutter will ihren Sohn nicht sprechen. Sie ist hilflos und sowieso überrascht, dass er mitfahren durfte. Bisher musste Liman von jeder Reise abgeholt werden. Für die Jungen ist diese öffentliche Aktion äußerst peinlich. Frau G. macht allen deutlich, dass die Übeltäter nicht nur knapp an einer großen Gefahr vorbeigeschrammt sind, sondern dass sie auch dem Ansehen der Klasse geschadet haben.

Am Dienstag klagt Ayse* über Kopf- und Halsschmerzen. Ihre Eltern wollen sie aber trotzdem im Camp lassen.

Gegen Mitternacht – wir sitzen noch in der Lehrerrunde und besprechen den kommenden Tag – ruft Ayses erwachsene Schwester plötzlich an. „Wir fahren jetzt los und holen Ayse doch," sagt sie. Frau G. ist völlig verblüfft. „Das werden Sie nicht tun," sagt sie. „Für die Fahrt brauchen Sie mindestens 2 1/2 Stunden. Sie werden uns nicht finden, denn das Camp ist nicht ausgeschildert. Hier ist niemand mehr wach. Alle Häuser sind verschlossen. Kommen Sie morgen Früh." Die Stimme am anderen Ende ist für uns alle zu hören. Eine Männerstimme mischt sich ein. Nun versucht auch der Beratungslehrer sein Glück. Ich staune, mit wie viel Geduld er sich gegen die Unvernunft der Familie wehrt. Am Ende hilft alles nicht. Sie wollen fahren. Wir holen Ayse aus dem Bett. Sie hat jetzt 39,5 Grad und muss ihren Koffer packen, obwohl sie nicht nach Hause möchte.

Beim Frühstück sieht Frau G. sehr blass aus. Offenbar hat sie nicht geschlafen.

Gegen 2:45 Uhr wollte Ayses Onkel am Telefon wissen, wie er zum Camp käme. Es war also genau das geschehen, was Frau G. verhindern wollte. Sie hatte ihm gesagt, dass sie ihm nicht helfen könne. Der Onkel war unverschämt geworden und insistierte, bis Frau G. wütend auflegte. Danach konnte sie nicht wieder einschlafen. Gegen vier Uhr hörte sie dann Koffergerumpel und lautes Palaver mehrerer Personen. Sie hatten Ayse gefunden.

Wir genießen bei bestem Wetter unseren Fahrradausflug am letzten Tag. Marcel* hat einen kleinen Unfall, weil ihm die Kette herausspringt und zwei Jungen gehen in voller Montur in der Ostsee baden. Die Heimfahrt ist für alle drei nicht besonders angenehm.

Nach der Abschlussdisco bringen wir unsere erschöpften Schüler gegen 00:00 Uhr zu ihren Unterkünften.

Für mich war diese Reise eine interessante Erfahrung. Sogar mit dieser pflegeleichten Klasse sind unvermutet nervtötende Vorfälle geschehen. Niemand kann Jugendliche rund um die Uhr beaufsichtigen. Trotzdem hat der Lehrer immer die Verantwortung. Mir ist klar geworden, wie wichtig es ist, solche Unternehmungen niemals allein, sondern nur mit einem eingespielten Team zu starten.

Klassenreisen gehören zu den besonderen Herausforderungen für Lehrer. Man hat 24 Stunden am Tag Dienst und die volle Verantwortung für seine Schüler. Auch die pflegeleichteste Klasse kommt auf einer Reise erst voll aus sich heraus. Dieser Ausnahmezustand, weg von den Eltern, beflügelt die harmlosesten Kinder zu Blödsinn, der ihnen zu Hause niemals in den Sinn kommen würden. Es nützt auch nicht, wenn der Lehrer seinen Schülern „Verbotenes" vorbeugend erlaubt.

„Jungen und Mädchen dürfen sich bis 22 Uhr noch gegenseitig in den Zimmern besuchen, aber seid bitte leise auf dem Flur, damit ihr andere nicht stört." – Die Folge? Den ganzen Abend über rennen kreischende Schüler durch die Gänge und Türen werden wie gehetzt zugeknallt. Ermahnungen prallen gegen die geschlossene Tür. – Schüler wollen auf Klassenreisen Verbote übertreten. Was erlaubt ist, ist langweilig.

Wer als Lehrer eine solche Reise unternimmt, weiß, was ihn erwartet. Man ist gut beraten, mit Begleitern zu reisen. Zum einen kann man die Verantwortung teilen, zum anderen hilft der kollegiale Austausch diese anstrengende Zeit zu ertragen.

Füße im Schnee

Immer mehr Kinder haben eklatante Haltungsschäden. Ihre Unbeweglichkeit nimmt zu, denn viele verbringen die Freizeit mit der Spielkonsole auf dem Sofa. Schon eine Rolle vorwärts ist für manche eine nicht zu bewältigende Herausforderung. Von Aufschwung am Reck oder Kraftübungen am Barren wollen wir gar nicht reden.

Spielen an der frischen Luft oder Sport im Verein sind für viele „out". Die Folgen sind Übergewicht und andere Krankheiten. Die Zahl der Fehltage ist hoch, denn manche Eltern lassen ihr Kind schon beim ersten Nieser zu Hause.

Für meine Arbeit als Sportlehrerin habe ich mir vorgenommen, gegen diesen Trend zu arbeiten. Körpererfahrung und Abhärtung frei nach „Kneipp" sind Bausteine meines Unterrichts. Kneipp-Medizin beruht auf dem Wirkprinzip von „Reizreaktionen". – Der schneereiche Winter bietet sich an.

Statt sich das kalte Zeug in die Pullover zu stecken, statt sich nasse Socken zu holen, statt sich mit Eisbällen Beulen an die Köpfe zu werfen, sollen meine Sechstklässler den Schnee als Mittel zur Abhärtung und zu einer völlig neuen Erfahrung nutzen. Nach einer Erwärmungsphase gebe ich die Anweisung, eine Minute barfuß durch den Schnee zu laufen. Zum Abtrocknen habe ich Papierhandtücher dabei. Cindy und ihre Freunde maulen. Sie wollen ihre Strümpfe nicht ausziehen. „Das ist ja doof. Ne, das ist mir zu kalt. Igitt!" Ich setze mich durch. Unter Kreischen stapfen die Schüler durch den Schnee. Mein anschließendes Training sorgt für heiße, prickelnde Füße.

Am Nachmittag beschweren sich Cindys Eltern wortreich über diese Sportstunde. Wie kann ein Lehrer so etwas machen? Das ist Körperverletzung!

Die Sportstunde des nächsten Tages nutze ich dazu, die Schüler über den Sinn solcher Maßnahmen aufzuklären. Ich stelle es ihnen frei, mit mir gemeinsam wieder einen kurzen Schneelauf zu machen. Cindy mault: „Ich darf das nicht", aber zwanzig andere jubeln und pellen sich aus den Socken.

Referendare möchte ich vor zuviel Enthusiasmus beim Angehen solcher Projekte warnen. Wenn Sie Ideen umsetzen möchten, die nicht im Lehrplan stehen, beraten Sie sich unbedingt mit Ihrer Schulleitung. Machen Sie sich während der Ausbildung möglichst nicht angreifbar. Sie brauchen Ihre Energie jetzt ausschließlich für sich selbst.

V.

Welcher Typ sind Sie?

Der Manager

Ein Manager in der Wirtschaft kann durch seine Entscheidungsmacht geeignete Mitarbeiter für seinen Betrieb anwerben und Nichtmotivierten kündigen. Der Manager-Referendar muss mit den ihm zugewiesenen Schülern, Lehrern und Seminarleitern arbeiten. Er kann niemanden ausschließen und hat auch keine Mittel zur besonderen Förderung von Problemschülern zur Verfügung.

Was bleibt einem Referendar in der Schule zu managen? Alles, was mit Zeitplanung zu tun hat, bewältigt der Managertyp besser als seine Mitstreiter. Er teilt sich vorgegebene Arbeiten optimal ein. Es wird ihm nicht passieren, dass er vor einer Hospitation noch bis tief in die Nacht den Stundenablauf strukturiert und am nächsten Morgen verschläft. Unterrichtsvorbereitungen und Seminarbesuche koordiniert er neben seinem nötigen privaten Ausgleich optimal.

Sie sind ein Managertyp?
Herzlichen Glückwunsch! Sie werden in der stressigen Zeit des Vorbereitungsdienstes gut zurechtkommen. Aber geben Sie bitte Acht, dass Sie spontanen Problemen Ihrer Schüler in Ihrer perfekten Organisation genügend Raum geben und Ihre Prioritäten im Berufsalltag richtig setzen.

Der Kumpel

„Was geht, Alter?" Ali* schlägt Herrn S.* kumpelhaft auf den Rücken. Herr S. dreht sich lachend um. „Alles bestens, Ali!" Er hebt
die rechte Hand für das unter den Schülern übliche Begrüßungs-
ritual. Herr Schmidt ist Referendar in dieser 8. Klasse. Er ist be-
liebt, denn er geht auf den Ton der Schüler voll ein. Jederzeit ist
er bereit, sich in eine Diskussion über das neueste Computerspiel
oder die Fußballergebnisse des letzten Wochenendes einzulassen.
Die Schüler nutzen das aus. Sie wissen, dass sie diesem Lehrer nur
die richtige Frage stellen müssen, um ihn auf ihre Lieblingsthemen
umzulenken. In seinem eigenverantwortlichen Unterricht schafft
Herr Schmidt deshalb nur selten sein Stundenziel. Sein Mentor
rät ihm zur Selbstreflexion. Es ist eine große Hilfe für einen angehenden Lehrer, wenn er einen guten Zugang zu seinen Schülern
hat.

Sind Sie ein Kumpeltyp?
Sie dürfen ihr eigentliches Anliegen, Wissen zu vermitteln, nicht
aus dem Auge verlieren. Wünschenswert ist es, beides möglichst
effizient zu verknüpfen. Einleitendes Geplänkel muss zeitnah zum
Stundenthema führen. Sie sollten Ihren Schülern zeigen, dass Sie
auf ihrer Seite sind, obwohl Sie zum Unterricht übergehen. Bei aller Vertrautheit ist es wichtig, dass Sie ihnen klar machen: „Ich bin
hier der Boss!"

Der Sanfte

Chantal* hat Nasenbluten. Wütend hält sie sich ein Papiertuch vor das Gesicht. Es ist nicht das erste Mal, dass sie mit Mechthab* aneinander geraten ist. Die Achtklässlerinnen kämpfen seit Beginn des Schuljahres darum, wer hier das Sagen hat. Herr R.*, der Referendar, ist entsetzt. Mit leiser Stimme drängt er Chantal immer wieder, den Täter zu benennen. Er möchte, dass sich in dieser Klasse alle vertragen. Konflikte, die mit den Fäusten ausgetragen werden, erträgt er nicht. Natürlich kann er Schlagen als Mittel der Auseinandersetzung nicht tolerieren.

In dieser Situation bringt er Chantal mit seinen sanften Tönen aber erst richtig auf die Palme. Die reagiert aus ihrer Wut heraus: „Lassen Sie mich doch in Ruhe! Sie haben ja keine Ahnung."

Sind Sie der sanfte Typ?
Dann versuchen Sie jetzt nicht, weiter zu diskutieren. Ein knappes „wenn du meinst" muss hier genügen. Nach der Stunde holen Sie die beiden Streithennen zu einem persönlichen Gespräch. Wenn es Ihnen Sicherheit gibt, bitten Sie die Klassenlehrkraft um stille Anwesenheit. Fragen Sie Chantal und Mechthab nach ihren Gründen, die sie immer wieder aufeinander losgehen lassen. Erklären Sie, dass beide zusammen ein gutes Team wären. Vielleicht haben Sie zuvor eine Aufgabe oder ein Projekt mit der Klassenlehrkraft abgesprochen, das sie den Mädchen nun anbieten. Machen Sie deutlich, dass Sie ihnen vertrauen, das gemeinsam erfolgreich umzusetzen.

Wenn es gut läuft, haben Ihre Schüler gelernt, dass sie besser zum Ziel kommen, ohne andere zu bekämpfen.

Der Etablierte

Als promovierter Quereinsteiger hat Herr A.* die 40 schon über-
schritten. Er lebt mit Frau und Kind im eigenen Haus. Den Stress
in der Forschungsabteilung eines großen internationalen Betrie-
bes hat er satt. Permanenter Leistungsdruck, um den nächsten An-
schlussvertrag zu bekommen, ist hart. Herrn A. scheint das Lehramt als Physik- und Mathematiklehrer eine gute Alternative zu
sein. Der sichere Hafen des Behördendienstes lockt ihn.

Die Realität ist allerdings kalt. Ob Neid oder Minderwertig-
keitsgefühle seitens der Fachleitung eine Rolle spielen, kann man
nur vermuten. Diesem Referendar wird deutlich gezeigt, dass all
das Erreichte in der Schule nicht zählt, wenn er mit den Schülern
nicht kann oder didaktisch nichts drauf hat.

Sind Sie ein Etablierter?
Wenn Sie einen Neuanfang wagen, müssen Sie sich über den Arbeitsplatz „Schule", der so ganz anders läuft als jeder andere, gut
informieren. Außerdem darf es Sie nicht verunsichern, dass Sie
mit Referendaren im Seminar konkurrieren, die nur halb so alt
sind wie Sie. Ertragen müssen Sie, dass Sie in die Rolle des „Schülers" zurückrutschen und Seminarleiter in „Lehrfunktion" treten,
die womöglich jünger sind als Sie selbst.

Der Einser

Frau B.* kommt von der Uni mit einer Examensnote von 1,0 und kann alle didaktischen und pädagogischen Konzepte hoch- und runterbeten. Sie zeichnet sich aber dadurch aus, dass sie mit großem Enthusiasmus im Seminar Gruppenleitungen übernimmt. Frau B. findet alles gut und schön und hängt den Fachleitern an den Lippen. In den Ferien schreibt sie Jahrespläne, Evaluationsbögen und ein Lerntagebuch.

Wenn sie dabei auch noch eine super Lehrerin abgäbe, wäre sie ehrlich zu beneiden. Leider ist sie aber oft mit der Schulsituation überfordert. Ihr fehlt die nötige soziale Kompetenz im Umgang mit Schülern und Lehrkräften.

Sind Sie ein Einser-Typ?
Ihre guten Studienabschlüsse sagen nicht unbedingt etwas über Ihre berufliche Qualifikation aus. Wenn Sie Ihr Hauptaugenmerk auf Planungen legen, wenn es Ihnen Freude macht, Tabellen und Strukturen aufzustellen, sind Sie wahrscheinlich in der Schulbehörde besser aufgehoben als an der Lehrerfront.

Der Jedermann

Herr Jedermann steht dem Referendariat grundsätzlich kritisch gegenüber. Er fühlt sich durch die Fachleiter genervt, versucht seine Situation mit Humor zu sehen und den Stress auf ein Minimum zu reduzieren. Oft nutzt er die Blitzlichtrunde am Seminarende ketzerisch, um Kritik zu üben und gewisse Aspekte der Fachleiter infrage zu stellen. Das bringt Herrn Jedermann häufiger Ärger ein. Zu große Auseinandersetzungen vermeidet er aber geschickt, denn er möchte ja gern ins Lehramt übernommen werden.

Fühlen Sie sich wie Jedermann?
Dann sollten Sie erkennen, dass es sich nicht auszahlt, sich um jeden Preis querzulegen. Dennoch müssen Sie sich die nötige Konfliktbereitschaft erhalten und mutig genug sein, Ihre Interessen gegenüber den Ausbildern zu vertreten. Nur dann werden Sie auch in der Lage sein, Ihren Schülern in Konfliktsituationen gerecht zu begegnen.

Der Unsichere

Vor dem Referendariat dachte Herr C.*, er habe ein gesundes Selbstvertrauen. Während des Vorbereitungsdienstes wächst in ihm Unsicherheit. Kritik und misslungene Unterrichtsstunden nimmt er persönlich. Disziplinschwierigkeiten mit der Klasse lassen ihn einknicken. Schon beim Betreten des Gebäudes knotet sich morgens sein Magen zu. Das Lachen gelingt ihm nur selten. Seine Körpersprache wirkt verspannt.

Herr C. macht sich abhängig von der Seminarleitung. Er versucht Ärger aus dem Weg zu gehen, schluckt Kritik ohne Widerspruch und hofft, dass schon irgendwie alles gut geht.

Selbstvertrauen heißt von sich selbst zu glauben, dass man eine bestimmte Situation meistern kann.

Es ist aber ein großer Unterschied, ob ich mir selbst etwas beweisen, mich unter Freunden behaupten oder mich 25 Schülern stellen muss. Kommt dazu, dass ich durch Hospitanten bewertet werde, stellt das mein Selbstvertrauen auf die Probe.

Wer vor Menschengruppen nicht sprechen mag, wen Kritik mehr verunsichert, als dass er sie kreativ umsetzen kann, wer mit Bauchschmerzen in die Schule geht, der sollte sich zeitnah beruflich umorientieren. Das ist keine gute Basis, um Lehrer zu werden.

VI.

Examen

Jobaussichten

Bis 2015 gehen bundesweit ca. 300.000 Lehrer in Pension. In den fünf folgenden Jahren haben weitere 160.000 die Altersgrenze erreicht. Nach jetzigem Stand werden aber im Jahresschnitt nur 26.000 Junglehrer zur Verfügung stehen. Diese reichen trotz sinkender Schülerzahl nicht aus, um den gegenwärtigen Stand der Lehrerversorgung in den Schulen zu halten, geschweige denn die nötigen Reformen zu realisieren.

Um dem Bedarf gerecht zu werden, müssten laut Professor Dr. Klaus Klemm (Professor für Bildungswissenschaften mit dem Schwerpunkt Bildungsforschung/Bildungsplanung an der Universität Duisburg-Essen in Essen) bis 2015 jährlich bis zu 38.000 Junglehrer in den Schuldienst eingestellt werden, in den fünf Jahren danach jährlich bis zu 32.000 Lehrer.

Klemm sagt einen harten Wettbewerb der Länder um die wenigen Junglehrer voraus, vor allem in den Mangelfächern Mathematik und Informatik.

Dabei haben die Länder vielfältige Möglichkeiten, ihre Arbeitsplätze attraktiv zu machen. Die Altersgrenze zur Verbeamtung kann flexibel, die wöchentliche Unterrichtsverpflichtung niedriger gehalten werden. Auch die Gestaltung der Lehrergehälter liegt bei den Ländern.

Bei Kenntnis dieser Ausgangslage verwundert, was Examenskandidaten in Hamburg berichten. Die Referendare, die zum Mai eines Jahres fertig werden, fühlen sich regelrecht allein gelassen. Da um diese Zeit die Bedarfe der Schulen noch nicht feststehen, können keine Stellen ausgeschrieben werden. Die jungen Lehrer sollen sich deshalb initiativ bewerben! Viele sind aber erst zum Referendariat in die Hansestadt gezogen. Aufgrund der hohen Arbeitsbelastung hatten sie kaum Zeit, die Stadt kennenzulernen, geschweige denn Schulstandorte und die Reputation von Schulen zu ergründen. Sie müssen den Hürdenlauf der Prüfungsauflagen durchstehen, dürfen sich keinen Millimeter von den haargenau definierten Inhalts- und Zeitvorgaben entfernen, wenn sie bestehen wollen. Nach dem gelungenen Examen stehen sie auf der Straße. Eine Anschlussversorgung besteht bis zum Beginn des neuen Schuljahres nicht. Auch wer einen befristeten Lehrauftrag ergattern kann, wird sechs Wochen Sommerferien ohne Gehalt auskommen müssen, denn diese Verträge enden vor Ferienbeginn. Während der Ferien ist in den Schulen kaum ein Ansprechpartner zu erreichen, sodass viel Glück dazu gehört, ab August in Lohn und Brot zu sein.

Der Staat als Arbeitgeber sollte gegenüber seinen zukünftigen Arbeitnehmern mehr Fürsorge walten lassen, zumal, wenn er Gefahr läuft, diese an andere Bundesländer zu verlieren.

Die Freie und Hansestadt Hamburg war bisher aufgrund der hohen Attraktivität der Stadt in der Lage, sich qualifizierte Lehrer mit gesuchten Fächerkombinationen aus einem großen Bewerberfeld aussuchen zu können.

Man muss sich allerdings fragen, ob die Anziehungskraft des Standorts Hamburg dieses eindeutige „Motivationskilling" gegenüber jungen Lehrern auf Dauer ausgleichen kann.

Immer schön fröhlich bleiben!

Das Examen war für mich Horror pur. Eine Farce, die ich ernst genommen habe. Für die Zeit der Examensarbeit war mein sozialer Puffer wirkungslos. Schon die normale Belastung bedeutete für mich volle Auslastung. Dazu kamen dann noch die Prüfungsvorbereitungen. Es war die härteste Zeit überhaupt. Ein hilfloser, kleiner Rat: Bleiben Sie so ruhig wie möglich. Entspannen Sie zwischendurch. Zur Not stellen Sie sich Wecker, die Ihnen ansagen, wann es Zeit für eine kleine Besinnung oder etwas Schönes ist.

Durchgefallen!

Nach insgesamt acht Jahren Ausbildung durch das zweite Staatsexamen zu fallen, war der Super-GAU für mich. Ich hatte sechs Jahre studiert und konnte mir nie etwas anderes vorstellen, als vor der Klasse zu stehen. Mit viel Leidenschaft hatte ich in dieser Zeit so viel gelernt, dass ich es kaum erwarten konnte, endlich das Referendariat zu beenden und loszulegen.

Acht Jahre Ausbildung, in denen ich nur auf den Moment hingesteuert hatte, dass eine Kommission zwei meiner Unterrichtsstunden bewerten würde. Die erste Prüfungsstunde habe ich so genau vorbereitet und so viele Tipps von allen möglichen Leuten beachtet, dass sie am Schluss ein Flickenteppich war und völlig in die Hose ging. Die zweite Stunde scheiterte am Entwurf. Die Wahrscheinlichkeit, dass es so dermaßen schief geht wie bei mir, ist immer da.

Durchgefallen. Eine Welt brach für mich zusammen. So stelle ich mir das Gefühl bei einem Flugzeugabsturz vor. Man sieht kein Land mehr. Alternativen zu diesem Beruf sah ich nicht, zumal ich mir immer sicher war, dass das definitiv der richtige für mich ist.

Gleich nach dem Studium hätte ich weniger Probleme gehabt, notfalls doch etwas anderes zu machen. Aber durch die zwei Jahre an der Schule war ich schon so in dieser Welt gefangen, dass ich mir nichts anderes mehr vorstellen konnte. Ich hatte so viel Spaß an der Arbeit und mich richtig daran festgebissen.

Der zweite Versuch lief dann zu meinem großen Glück völlig unproblematisch. Ich denke heute manchmal darüber nach, was ich wohl gemacht hätte, wenn es mit dem Lehramt endgültig nicht geklappt hätte. Welcher andere Beruf ist so deutlich von Berufung geprägt? Wo hätte ich mit meinen Studienfächern Deutsch und Englisch überhaupt landen können? Muss man vom Studienbeginn an Alternativen im Gepäck haben?

Ich bin kein Mensch, der sich doppelt und dreifach absichert. Ich wollte immer nur Lehrer werden. Nichts anderes.

Note egal, Hauptsache bestanden!

Der Bearbeitungszeitraum für die Examensarbeit beträgt zwei Monate. Hier liegen die Termine stets über die Ferien, sodass zwei bis drei Wochen, im besten Falle sogar sechs Wochen intensiv genutzt werden können.

Der Umfang wurde nach und nach verkürzt. Bei 24 Monaten Ausbildung waren es noch 50 Seiten, aktuell sind es bei 18 Monaten Ausbildungsdauer noch 30, nach der neuen Prüfungsverordnung wahrscheinlich nur noch 15 Seiten.

Inhalt der Examensarbeit ist die Dokumentation von Planung, Durchführung und Reflexion einer Unterrichtseinheit. Die zukünftige, gekürzte Arbeit soll angeblich nur noch ein pädagogisches Thema behandeln, wie eine Seminararbeit an der Uni. Das Unterrichtsgeschehen steht dann nicht mehr im Mittelpunkt.

Vier Wochen vor der offiziellen Verkündung des Themas kann der Referendar einen Themenvorschlag einreichen. Die Absprache mit dem Fachleiter ist sinnvoll. Er kann das Thema übernehmen oder einen anderen Vorschlag einreichen. Nach dieser groben Absprache wird die Unterrichtseinheit gehalten. Der Zeitrahmen sollte drei bis vier Unterrichtsstunden umfassen, wobei in der Arbeit dann ein Schwerpunkt auf die Auswertung von ein bis zwei Stunden gelegt werden kann.

Während der Reihe ist ein Besuch des Fachleiters vorgesehen. Eine Besprechung findet jedoch nicht statt, da der Referendar selbst reflektieren soll. Momentan zählt die Examensarbeit ein Fünftel der Endnote.

Zwei der hier berichtenden Referendare sind einmal durch die Prüfung gefallen und mussten die Examensarbeit wiederholen. Wegen der neuen Prüfungsordnung wurden beim zweiten Anlauf nur noch 30 Seiten verlangt.

Beide Kandidaten empfanden das Examen als großen Stress.

Besonders belastend erschien ihnen, dass die Ferien zur Erholung vollständig fehlten. Sie führten die Unterrichtseinheit nach einer Häufung von Fachleiterhospitationen, Fachsitzungen und Besonderen Unterrichtsbesuchen mit längerem Entwurf kurz vor den Ferien durch. Der Schreibprozess überdauerte die Ferien und zog sich bis in die Unterrichtszeit danach, als wieder der Alltag mit gleicher Stundenzahl und gleichen Anforderungen gemeistert werden musste. Da die regulären Schul- und Seminartermine weiterliefen und ihre Zeit erforderten, war nach den Ferien auch bei guter Organisation kontinuierliches Schreiben nur noch schwer möglich. Erhöhte Motivation ist deshalb nötig, um das schmale Zeitfenster zum Recherchieren, Denken und Schreiben effizient zu nutzen.

Nach Abgabe der Arbeit beginnt direkt die Planung der Prüfungsunterrichtsstunden. Man arbeitet also sechs Monate durchgehend unter erhöhtem zeitlichen und psychischen Stress.

Das parallele Schreiben und Unterrichten geht zulasten der Unterrichtsqualität. Zeit wird bei der Vorbereitung eingespart, um die wichtige Examensarbeit (Endnote!) termingerecht und angemessen fertig zu bekommen.

Während des Zeitraumes des Prüfungsunterrichtes fallen zumindest die acht Stunden eigenverantwortlicher Unterricht weg. Die vier Stunden betreuter Unterricht in den Prüfungsklassen müssen jedoch abgeleistet werden.

Der Gedanke ans Scheitern begleitete beide Kandidaten während der zwei Monate ständig und quälend. Die Note erfährt man erst nach der ersten Prüfungsstunde, im besten Falle zwei Monate, im schlimmsten Falle vier Monate später. Wurden die Arbeit und die Stunde mit 5 bewertet, hat man nicht bestanden und beginnt erneut mit der Examensarbeit. Diese Grundsituation des plötzlichen Scheiterns ist in den Köpfen immer präsent.

Beide Referendare beklagten die fehlende Transparenz während der Prüfung.

Die Note der Arbeit wurde ihnen erst nach Wochen und ohne Besprechung mitgeteilt. Die Kandidaten hatten ihre Einheiten und ersten Examensarbeiten mit Lehrern durchgesprochen und würden sie wieder so durchführen, da sie gut verliefen. Das Ergebnis war jedoch bei beiden die Note 5. In den Kollegien war das Unverständnis über die Entscheidungen der Fachleiter des Studienseminars groß.

Es ist wohl zu empfehlen, die theoretische Ausrichtung der Staatsexamensarbeit nicht zu vernachlässigen.

Ob das Anfertigen einer schriftlichen Arbeit als Herausforderung oder Belastung empfunden wird, hängt vom Typ ab. Wer eine Neigung zum Schreiben hat, wird sich leichter tun. Die Hauptbelastung sahen jedoch alle im Procedere: Die Doppelbelastung von Arbeit und Unterricht, der zeitliche Druck vor der Abgabe, die Unklarheit zwischen Themenvorschlag und wirklichem Thema, die fehlende Transparenz bei der Note (bis zur Vornote kurz vor der ersten Prüfungsstunde erfährt man 13 Monate nicht, wie man steht und bewertet wird), der Notenfindung und der Besprechung. Am Ende war den Referendaren die Zensur vollkommen egal. Es ging nur noch um das bloße Bestehen.

Beide haben die Zeit der Examensarbeit als härteste Phase im Referendariat bezeichnet.

VII.

Nach dem Referendariat

Die erste Stelle

Was Sie heute erleben, prägte auch damals vor 35 Jahren meinen Einstieg in den „echten" Lehrerberuf. Juhuu! Referendariat vorüber, Examen bestanden. Stress vorbei! – Nicht ganz: Mein zukünftiger Mann studierte an der TU in Braunschweig. Die Jahre unserer Wochenendbeziehung und des Pendelns zwischen Hamburg und Niedersachsen sollten ein Ende haben. Ich hatte mich deshalb in Braunschweig um meine erste Stelle als Lehrerin beworben. In den Sommerferien erhielt ich die Zuweisung an eine Schule im Harzvorland. Wie sollte ich täglich diesen Weg schaffen? Zumal im Winter! Ich nahm Kontakt zum Kultusministerium auf und bat um einen näheren Einsatzort. Bis zum Ende der Ferien hielt man mich hin. Die Spannung stieg. Mein Umzug stand bevor. Wir hatten eine wunderbare Altbauwohnung in Braunschweig renoviert und freuten uns auf unser gemeinsames Leben.

Kurz vor Ferienende erhielt ich den Bescheid, dass ich an einer Mittelpunktschule ca. 15 Kilometer vor den Toren Braunschweigs eine sechste Klasse übernehmen würde. Erleichtert packte ich die Umzugskartons. Dass ich mit meinem Hamburger Studium in Niedersachsen eine Gehaltsstufe weniger verdienen würde und nicht an Realschulen unterrichten durfte, war mir zu diesem Zeitpunkt egal. Wichtiger schienen mir Fragen wie: „Was mache ich, wenn mich meine Schüler nach dem Weg zum Klo fragen?" Ich kannte mich ja dort noch nicht aus. – Dass nur ich neu war, nicht aber die Schüler, bedachte ich in meiner Aufregung nicht.

Mein Start ließ sich gut an. Die Schule war modern und neu. Die freundlichen Schüler und das zugewandte Kollegium machten es mir leicht. Mit meinen Fächern Englisch und Sport wurde ich dort gebraucht.

Ich war 25 Jahre alt. Mein langes Haar reichte bis zum Hintern. Das Make-up war schlicht, meine Augen betonte ich aber extrem.

Alle trugen Jeans und Oberhemden oder Blusen. So war es modern. Damals.

Die Pausen mussten die Schüler auf dem Hof verbringen. Ich hatte Aufsicht. Gerade war ich im Flur angekommen, um die dort herumstehenden Schüler zum Ausgang zu bitten, als mich einer der Hausmeister am Arm packte. „Sieh zu, dass du auf den Hof kommst!" herrschte er mich an. Und: „Du weißt genau, dass ihr nicht im Haus bleiben dürft." Die umstehenden Schüler grinsten. Ich konnte mich beherrschen. Dann gab ich ihm die Hand und stellte mich vor: „Sie haben völlig recht. Darf ich mich vorstellen, ich arbeite von nun an hier." Wir lachten beide herzlich über seinen Irrtum. Junge Lehrer unterscheiden sich eben häufig nicht sehr von älteren Schülern.

Endlich bin ich Lehrer

Seit einem halben Jahr bin ich Klassenlehrerin einer wilden 5. Klasse an einer Gesamtschule. Es kommt mir schon jetzt so vor, als hätte ich nie etwas anderes gemacht. Die 20 Jungen und 10 Mädchen haben alle nur die Hauptschulempfehlung. Fachunterricht gebe ich in einer 13. und mehreren 10. Realschulklassen. Eine bunte Mischung also.

Mein Referendariat habe ich an einem idyllischen Landgymnasium gemacht. Dort haben die Schüler schlimmstenfalls mal die Augen gerollt oder waren auch hin und wieder ein wenig zickig. Alles schön behütet.

Meine jetzige Schule ist das volle Gegenteil. Das erschreckende Leistungsniveau und das Verhalten der Schüler hat mich zu Beginn in ein tiefes Loch fallen lassen. Wo die netten pädagogischen Tricks der Ausbilderinnen an meiner alten Schule noch gefruchtet haben, hilft hier nur eine laute Stimme und ein böser Blick. Ich kombiniere Konsequenz, lobende Worte und ab und zu ein kleines Wuscheln auf dem Kopf. Zuckerbrot und Peitsche. – Und ich liebe es!

Ich habe den Eindruck, dass während des Referendariats bewusst ganz softe Töne angeschlagen werden. Niemand hat gesagt „Da müssen Sie mal auf den Tisch hauen" oder „Da helfen nur die drei großen Ds (Druck, Dampf und Daueranschiss). Ich möchte nicht falsch verstanden werden, ich liebe meinen Beruf und gehe gern und meist mit Freude sogar in die Chaotenklassen.

Fakt ist aber, dass mir sämtliche Tricks und Grundregeln des Referendariats bisher nichts genützt haben. Ich erinnere mich: „Kooperative Lernformen, Frau X.! Lassen Sie die Schüler Verantwortung für ihren eigenen Lernprozess übernehmen, dann machen die das prima!" – Darüber kann ich heute nur lachen.

Nach meiner Erfahrung hilft nur eines: Man muss wer sein! Man muss ehrlich mit Leib und Seele dabei sein, sich nicht verstecken, nicht verstellen und schon gar nicht auf den Mund gefallen sein. Ich hätte nie gedacht, dass ich mich innerhalb so kurzer Zeit nach meinem Einstieg ins Berufsleben derart verändern würde. Ich habe das Gefühl, endlich „ich" sein zu können. Und es klappt! Ich komme gut zurecht und bin zufrieden. Vermutlich mögen mich meine Schüler, aber noch wichtiger ist, dass sie etwas lernen und sogar – manchmal aus Versehen – Spaß dabei haben.

Dabei verlasse ich mich vorwiegend auf mein Bauchgefühl und ich bin froh, nicht mehr den allmächtigen Ausbilder hören zu müssen, der im Hintergrund mahnend sagt: „Man darf doch nicht so schimpfen."

Eines der Kernprobleme des Referendariats ist meiner Meinung nach die überstarke Bewusstmachung pädagogischer Zielsetzungen. Referendare werden für die Folgen ihres Handelns extrem sensibilisiert. Wie fühlen sich die Schüler? Sind wir verantwortlich dafür, wenn sie den Rest ihres Lebens eingeschüchtert weinen, weil wir einmal durchgegriffen haben? Man bekommt Panik, wenn man Handlungsbedarf sieht, mit der Folge, dass man nicht an die Schüler heran will. Vor Beratungsgesprächen drückt man sich, aus Angst etwas Falsches zu sagen. Vor Disziplinierung scheut man sich, weil man befürchtet, einer der 30 kleinen Rabauken könnte es Mama erzählen und dann rückt Prof. Dr. Wasweißich an und der Referendar steht an der Wand. Ich habe mich gar nicht richtig getraut, überhaupt irgendetwas zu machen, weil mir immer durch den Kopf ging, was alles schief laufen kann. So habe ich nicht mehr auf mein Bauchgefühl vertraut. Und das ist, genau wie in der Kindererziehung, der falsche Weg.

Als Lehrer sehe ich mich nicht in erster Linie als „Lernbegleiter", „Lernberater" oder „Lernmoderator" – die heiligen Begriffe des Referendariats. Ich sehe mich auch als Erzieher. Gerade als Klassenlehrerin einer Fünften bin ich mittlerweile Erzieherin, Elternberaterin und auch manchmal die Böse. Und das ist richtig so. Ich denke, es fehlt in deutschen Klassenzimmern an Lehrern mit Courage, die ran gehen an den Schüler, die auch mal ehrlich und mit gutem Gewissen sagen: „So nicht, mein Freund!" Lehrer, die sich einmischen, die sich trauen zu meckern, die darauf achten, dass in der Pause der Müll weggeräumt wird. Lehrer, die auch mal sagen: „Klappe halten, setzen, Buch raus."

Wie wichtig die Erziehungsfunktion des Lehrers ist, ist mir erst im Berufsleben bewusst geworden. Das Referendariat stellt natürlich und zu Recht die Inhalte in den Vordergrund. „Wie mache ich guten Unterricht?" Das „Wie werde ich ein selbstbewusster Lehrer" lernt man nur durch Erfahrung und ehrliche Tipps couragierter Ausbilder. Die sind allerdings rar. Ich finde 1,5 Jahre Ausbildung sind viel zu kurz, zumal die meisten auch im Studium wenig lernen, das für den Job nützlich ist.

Ich würde mir wünschen, dass junge Referendare ermuntert würden, nicht so ängstlich zu sein, mehr auf ihr Bauchgefühl zu hören. Das Referendariat zeigt die schöne heile Welt auf: Auf Methode A reagiert der Schüler so, auf Methode B so. Leider hat das oft mit der Realität nichts zu tun. Dennoch bin ich froh, dass ich viel zum Thema Unterricht gelernt habe, denn darum muss ich mir jetzt die wenigsten Sorgen machen. Meine Vorbereitungszeiten haben sich drastisch reduziert. Vielmehr habe ich jetzt begonnen, mir darüber klar zu werden, wo ich stehe, wie ich meine Aufgabe sehe und wie ich mit Eltern umgehe. Mein Problem ist nicht mehr: Ist die Vertiefung tief genug usw., weil ich meist eh gar nicht bis zur Vertiefung komme. Jetzt mache ich mir Gedanken über die, um die es eigentlich geht: Warum war Leon* neulich so komisch? Er ist in letzter Zeit häufig unvorbereitet, aggressiv und zurückgezogen. Ist da zu Hause was los? Muss ich was tun?

Und das tut mir gut. Ich weiß jetzt zum ersten Mal definitiv: Das ist der Beruf, den ich machen möchte. Ich weiß, heute hab ich was erreicht, ganz egal, ob der Einstieg in der 10R3 in Deutsch deduktiv war.

Was Lehrer wirklich brauchen

Im Kapitel „Theorie und Praxis" kritisieren angehende Referendare die wenig praxisorientierte Ausrichtung des Lehramtsstudiums. Diese Kritik bleibt für viele in der zweiten Ausbildungsphase bestehen. Eine junge Lehrerin berichtet aus ihrem Alltag und fordert eine bessere Vorbereitung auf die Arbeit in der Schule.

Unglaublich, was uns Lehrern zugemutet wird, um uns vom Unterrichten abzuhalten! Nicht nur, dass man uns von einer sinnlosen Veranstaltung zur nächsten hetzt. Man lässt sich auch täglich neue spannende Projekte einfallen, um mal wieder die Presse im Haus zu haben. PR-Arbeit schafft Anmeldezahlen. Permanent sollen wir irgendwas planen, Arbeitsgruppen bilden, uns Projekte ausdenken. Das Neuste: Wir sind angehalten, mit der fünften Klasse einen Berufsorientierungstag zu machen! Welcher schlaue Mensch hat sich das ausgedacht? Mit 11 will man noch Rennfahrer, Pferdepflegerin oder Prinzessin werden!

Der Unterricht, auf den im Referendariat soviel Wert gelegt wurde, scheint in der Praxis zur Nebensache zu verkommen. Vielmehr gilt es jetzt, sich zu verstecken, um spontane Vertretungsstunden zu vermeiden. „Ach, Sie haben wohl eine Freistunde? Gehen Sie mal eben in die 8.1 Hauptschule? Die reißen da oben gerade die Fenster raus!"

145

Auch ist es inzwischen nicht ungewöhnlich, weinende Eltern am Sonntagabend zu beruhigen oder anderen Lehrern wegen Schülerstreitereien hinterher zu rennen „Duuu, dein Jonas* hat meinem Hans* gestern die Hose zerrissen!"

Fakt ist, man hat im Referendariat nicht gelernt, sich Arbeit vom Hals zu halten und eine Intuition zu entwickeln. Letztlich, und das lernt hier jeder schnell, kommt es eigentlich darauf an, Krisenmanager zu werden und nicht Fishbowl-Experte für Vertiefungs- und Kommunikationsphasen. Letztlich muss ich an der Front täglich gegen Pornovideos im Handy von Fünftklässlern kämpfen, gegen Mobbing-Fälle mit Suizidgefahr vorgehen, geschlagene oder vernachlässigte Kinder betreuen. Die Realität zeigt leider, dass man dabei oft auf sich allein gestellt ist, trotz eines hilfsbereiten Kollegiums. Hilfe durch die Schulleitung ist schon seltener. „Was, die Schüler haben Sie bedroht? Wie bitte, die haben einen Schrank zertrümmert? Dann probieren Sie doch mal kooperative Lernformen. Kleben Sie bunte Punkte ins Hausaufgabenheft und seien Sie nicht so streng." Zahlreiche Kollegen, die sich allein gelassen fühlen, brechen in Tränen aus und manche stellen Versetzungsanträge. – Ob es woanders besser ist?

Ich bin der Ansicht, das Referendariat müsste stärker auf die Realität vorbereiten. Der richtige Umgang mit unverschämten Eltern, mit schwierigen oder hilfsbedürftigen Kindern, sollte trainiert werden. Lehrer wissen nicht, was sie dürfen und was nicht. Was tue ich, wenn ein Schüler sich meinen Anordnungen widersetzt und immer wieder den Unterricht zum Rauchen verlässt? Stattdessen lehrt man uns, wie wir die Kids immer mehr pampern. Wir bringen ihnen bei, dass sie in der Schule mitbestimmen können, weit über normales Feedback hinaus. Sie kennen ihre Rechte besser als ihre Pflichten. Wohin soll das führen?

Auch wenn die Zeiten sich geändert haben, so sind die Kids immer nur ein Produkt ihrer Eltern. Mein Kollege sagt: Die Eltern haben die Krankheit, die Kinder zeigen die Symptome. Das Referendariat sollte wegkommen von dieser Idealvorstellung didaktischer Machbarkeit und zunehmend psychologisch ausbilden. Ich würde mir auch mehr Rechtswissen und Rollentraining wünschen. Es gehört viel Menschenkenntnis dazu, Probleme zu erfassen. Als Lehrer ist man dazu an vielen Fronten gleichzeitig gefordert. Die Eltern verlassen sich zunehmend auf uns als Retter in der Not, statt selbst aktiv zu werden und die Verantwortung für ihre Kinder zu übernehmen. Immer häufiger geben sie das Problem an Kinderpsychologen ab. Die Menge an Gutachten, die ich für meine Schüler ausfülle, ist nicht mehr normal.

Es läuft etwas falsch, wenn ich als 28-jährige einer 40-jährigen Mutter das Leben erklären, BHs empfehlen, auf Körperhygiene hinweisen und einen Essensplan aufstellen muss, damit es mit der Tochter läuft. Wer nicht mit einer großen Klappe gesegnet ist, der hat in diesem Beruf verloren.

Während einer Fortbildung zum Thema „Psychologische Selbstheilung" wurde das erste Mal seit meiner Ausbildung klar gesagt, dass man als Lehrer Prioritäten setzen und nicht alles perfekt machen muss. Ein gewisses Maß an Gleichmut ist hoffentlich lernbar.

Gut wäre eine Ausbildung mit Blick auf realistische Anforderungen statt Perfektionismus und Selbstverleugnung. Dazu brauchen Lehrer eine gehörige Portion Mut, sich nötigenfalls auch mal in die Nesseln zu setzen.

VIII.

Alternativen zum Lehramt

In der freien Wirtschaft ist man frei!?

Wer Foren im Internet verfolgt, findet reihenweise Beiträge von Lehramtsstudenten, die nach Alternativen zum Lehrberuf fragen. Manche haben es versäumt, sich vor Studienbeginn intensiv mit der Arbeitswelt Schule vertraut zu machen. Andere stellen anhand studienbegleitender Praktika fest, dass ihre Erwartungen der Praxis widersprechen. Überforderung und Zukunftsangst wird bei vielen deutlich. Kein Beruf ist mit dem Lehramt zu vergleichen. Die Behauptung „Lehrer ist man, man kann es nicht lernen" wird gern kontrovers diskutiert.

Wer vor und während des Referendariats nicht fest davon überzeugt ist, dass er Lehrer werden möchte, wer nicht angstfrei auf junge Menschen zugehen kann, sollte umgehend seine Ziele überdenken.

Welche Alternativen erscheinen anhand der gewählten Fächerkombination möglich? Ist es ratsam zu wechseln, ein weiteres Fach aufzunehmen oder sogar das Studium abzubrechen?

Studierende mit sprachlichen Fächern finden bei Eignung interessante Tätigkeiten in Zeitungs- oder Buchverlagen. Auch das weite Feld der Übersetzung bietet sich an. Der Beruf des Werbetexters ist für andere eine gute Alternative.

Die Fächer Informatik oder Kunst können unter Umständen eine Basis für die Ausbildung zum Mediengestalter oder -kaufmann sein.

Mathematikstudenten, die nicht auf den Mund gefallen sind, streben gern auch Tätigkeiten im Versicherungswesen an.

Wer sich gegen den Schuldienst entscheidet, aber trotzdem gern seine Studienfächer vermitteln möchte, kann in die Erwachsenenbildung gehen. Hier trifft man auf motivierte Menschen, die sich freiwillig dem Lernen zuwenden. Als Lehrperson mit guter Fachkompetenz und freundlichem Umgangsverhalten hat man es hier vergleichsweise leicht.

Mancher stellt fest, dass der Wechsel von der Sekundarstufe in den Grund- oder Vorschulbereich der zielführende Schritt ist. Es macht einen gewaltigen Unterschied, ob man es mit pubertären, distanzlosen Jugendlichen oder mit Kindern zu tun hat. Einer unserer jungen Lehrerinnen erschien das Lehramt an einer Privatschule eine mögliche Alternative.

Waldorf & Co

Als ich damals durch das zweite Staatsexamen gefallen war, erwog ich als Alternative, eine Montessori- oder Waldorf-Ausbildung zu machen. Während zweier Praktika in Waldorfschulen hatte ich Kollegen getroffen, die nach dem ersten Staatsexamen diese Ausbildung angehängt hatten. Meine Erfahrungen mit diesem alternativen Schultyp waren sehr positiv: Kleine Schulen, sehr motivierte Lehrer und wenig „Ideologie". Mir kamen die Ideen dort gar nicht so anders vor. Das lag sicher daran, dass die Lehrer auch an Steiner-Schulen überwiegend ihren eigenen Stil fahren. Viele kommen aus der regulären Ausbildung und machen dementsprechenden Unterricht. Man muss sich allerdings auf deutlich weniger Gehalt einstellen. Aber wer sich zum Lehrer berufen fühlt, nimmt das vielleicht in Kauf.

Dass die Kids dort anders sind, habe ich nicht bemerkt. Mama und Papa mögen Veganer sein und ihren Sohn auch mal Heinz Ludwig IV. nennen. Aber Heinz Ludwig raucht auch heimlich auf dem Schulklo und reißt Spinnen die Beine raus. Also alles ganz normal. Viele Eltern geben ihre Kinder ja nur auf solche Schulen, weil die staatlichen so chaotisch und überfüllt sind. Die meisten sind sicher nicht der Meinung, dass man seinen Namen tanzen können muss, um in der Welt zu überleben.

Darum mein Rat: Keine Angst vor Alternativen. Man muss es ausprobieren!

Im Zweifel

Eine GEW-Pressemeldung im Juni 2009: „In den letzten Jahren haben sich viel zu wenig Abiturienten für ein Lehramtsstudium entschieden. Die Abbrecherquote von 40% im Studium und 10% im Referendariat verschärfen diesen Trend noch, erläutert Prof. Klemm die Ursachen für die drohende Verschlechterung der Personalausstattung der Schulen in Niedersachsen."

Nach meinen zehn Monaten am Studienseminar Wilhelmshaven scheinen 10 Prozent Abbrecherquote realistisch. Mein subjektiver Eindruck ist, dass die meisten Abbrecher jedoch im Examenszeitraum aufzuhören scheinen, nachdem sie einmal durchgefallen sind oder zum zweiten Mal scheitern.

Ich habe die erste Hälfte des Referendariats offenbar zu langsam angehen lassen.

Es gab zu wenige Besuche, sodass die Fachleiter noch nicht viel gesehen haben, und das, was sie gesehen haben, sind die noch unsicheren Versuche eines Auszubildenden, um es überspitzt zu formulieren. Dementsprechend katastrophal fiel das Zwischenstandgespräch aus.

Ungefähr zeitgleich im Februar teilte mir mein Schulleiter mit, dass er eine Stelle mit meiner Fächerkombination ausschreiben werde und dass er es begrüßen würde, wenn ich mich bewerbe. Seitdem stellte ich mir noch häufiger die Frage, ob ich tatsächlich auch nach dem Referendariat als Lehrer arbeiten will.

Ursprünglich wollte ich Deutsch und Politik auf Magister studieren, aber ein Lehrer gab mir den Tipp, das Lehramt anzustreben, um den sicheren Abschluss des Staatsexamens zu haben.

Die von sich selbst überzeugten Pädagogik-Studenten im 2. Semester, die angeblich schon alles konnten, irritierten mich allerdings stark. Dieses gemischte Gefühl hielt bei den Pflichtpraktika an.

Erfüllung empfand ich hingegen bei einem Praktikum im Buchhandel: Literatur und Sprache. Wäre Schreiben, vielleicht Journalismus, ein berufliches Ziel? Nach dem Examen ging ich sozusagen auf dem Zahnfleisch. Meine dünne Motivation am Ende des Studiums war deshalb sicher kein Einzelfall. So bestanden die Alternativen in der Bewerbung fürs Referendariat in meiner Heimatstadt, da dort keiner hin will und meine Freundin auch dort landen könnte, oder einer Bewerbung im Bereich Verlag, Medien, Journalismus. Das allerdings mit der Ungewissheit im Bereich Finanzen und Ortswahl. Nach wochenlangem Überlegen entschied ich mich für die Sicherheitsvariante „Versuch Referendariat" und gegen die drohende Fernbeziehung.

Nun erlebe ich seit zehn Monaten die tägliche Konfrontation mit pädagogischer Arbeit. Erfahrungspuzzleteile verdichten sich, sodass immer wieder „der Beruf" vor meinen Augen erscheint: Unterricht vorbereiten, Materialauswahl, Materialfundus und bessere methodische Entscheidungen der erfahrenen Lehrer. Kollegen berichten von Sechs-Tage-Wochen und Klausurenabenden am Schreibtisch. Eine große Belastung ist der tägliche Unterricht in der schwierigen fünften Klasse. Ich habe unterschätzt, dass Erziehung stundenweise mehr Zeit einnimmt als Wissensvermittlung. Zudem hege ich generelle Zweifel, ob ich Wissen vermitteln will. Man läuft quasi mit der „Das-könnte-ich-doch-in-der-Schule-gebrauchen-Brille" durchs Leben. Ich entdecke Parallelen zum Konzept der „Erfolgs- und Misserfolgsorientierung" der Pädagogischen Psychologie. Es gibt zwei Typen von Lehrern.

Typ 1 denkt positiv und nutzt die Anregungskraft von Kollegen. Er denkt: Das könnte ich auch so machen, das probiere ich mal, von dem kann ich etwas lernen, mit der Routine wird alles leichter.

Typ 2 bremst sich durch starke Selbstzweifel und empfindet das Referendariat eher als Abnutzungskampf: Warum kann ich das nicht? Wie gut der das macht, ich mache so viele Fehler, ich entwickle mich so langsam, warum hatte nicht ich die Idee, mache ich es anders oder sogar falsch, ob die Kleinen bei mir so etwas lernen?

Ich ordne mich eher Typ 2 zu.

Die Aussage einer Bekannten: „Alle, die nicht an den Beruf des Lehrers glaubten, haben bei uns im Studienseminar Meppen schon aufgehört", gibt mir zu denken. Das würde bedeuten, dass die harte Zeit mit vielen Terminen, Stresssituationen, unterschiedlichen Erwartungen (Schüler, Eltern, Kollegen, Seminar, eigene Wünsche) sich nur ertragen und überstehen lässt, wenn man das Ziel und den unbedingten Willen vor Augen hat, diesen Job machen zu wollen.

Wie findet man Alternativen? Alternativen zum Lehramt sollten prinzipiell diejenigen sein, die es auch schon nach dem ersten Staatsexamen gab. Je nach Fächerkombination gibt es sehr unterschiedliche Jobs für Hochschulabsolventen: Verlage, Medien, Presse-/Öffentlichkeitsarbeit, Museen, freie Wirtschaft. Es ist jedoch anzunehmen, dass Lehramtsstudenten nicht mit „Diplomern" gleichgesetzt werden. Gescheiterte Referendare haben zudem qua Lebenslauf einen Makel, wobei dies je nach Branche/Bewerbungsverfahren auch als Stärke gesehen werden könnte.

Die finanziellen Aussichten sehe ich als größte Anfechtung bei einer beruflichen Umorientierung. Die Bezüge der Referendare sind nicht luxuriös, aber OK. Das Einstiegsgehalt als Lehrer ist im Vergleich zu anderen grandios. Zudem besteht eine hohe Sicherheit durch die mögliche Verbeamtung. Der Gedanke, statt 2500 Euro nach dem Referendariat bei Abbruch ein Volontariat für 300–600 Euro zu absolvieren, mag gefühlsmäßig richtig sein, erscheint aber nicht sehr vernünftig.

Vor diesem Hintergrund würde die Einstellungspolitik der Länder dazu führen, dass gerade die Zweifler, die zudem laut mancher wissenschaftlicher Studie eher Burn-Out gefährdet sind, ins System drängen.

Sollte ich aus dem Referendariat aussteigen, werde ich mir das später als Schwäche vorwerfen? Wovor renne ich weg? Drücke ich mich davor, Probleme zu lösen? Will ich meinem Vater recht geben, der mich für unstrukturiert und unorganisiert hält?

Vor dem Hintergrund, dass ich in den letzten Monaten so viel gearbeitet habe wie noch nie, ein bizarrer und schmerzhafter Vorwurf.

Mir ist klar, dass ein Ausstieg vorbereitet und gut durchdacht werden muss. Ich sollte von der Zeit danach eine konkrete Vorstellung haben. Welche Arbeit strebe ich an? Wo kann ich mich bewerben? Ich muss meine Ziele für mich klären. Ist mir Glück im Job wichtiger als gutes Gehalt oder lockt mich bei der heutigen Arbeitsmarktsituation nur der gesicherte Verdienst?

Jedem, der sich für das Lehramt an staatlichen Schulen entscheidet, muss klar sein, dass diese Tätigkeit keine geregelte Feierabendzeit hat. Wie in jedem Beruf, der mit der Betreuung von Menschen zu tun hat, pflanzen sich fürsorgliche Gedanken um Schüler in der Freizeit fort. Ein Lehrer lässt nach Unterrichtsschluss seine Arbeit mit dem Schließen der Autotür nicht in der Schule zurück und geht zum Privatteil des Tages über. Abgesehen von dienstlichen Aufgaben, wie Telefonaten, Behörden- und Elterngesprächen, müssen die pädagogischen und psychologischen Belange einzelner Problemschüler oder -situationen gelöst werden. Ganz zu schweigen von Unterrichtsvorbereitung und Korrekturzeiten.

Darum ist es für Lehrer überaus wichtig, sich trotz dieser krakenartig ausufernden dienstlichen Verpflichtung ausreichend Privatsphäre und den nötigen Ausgleich zu schaffen.

Wer nun unsicher geworden ist, dem rate ich dringend, seine Pläne noch einmal zu analysieren und mögliche Alternativen zu prüfen.

Durchgefallen – und froh darüber

Immer, wenn ich mit meinen Lehrerfreunden zusammen bin, freue ich mich, dass ich den Absprung geschafft habe. Zwei von ihnen – beide mit den Fächern Deutsch und Englisch – reden von den unendlichen Korrekturbergen, den störrischen oder hilflosen Eltern und den ständigen Konferenzen und anderen Nachmittagsterminen, die eine Unterrichtsvorbereitung vor 20:00 Uhr unmöglich machen.

Ich dagegen bin fertig mit der Arbeit, wenn ich nach Hause komme. Ich nehme gedanklich auch einiges mit nach Hause, aber ich kann mich wenigstens nicht abends noch mal dran setzen, weil ich das Gefühl habe, nie fertig zu sein.

Gerade weil ich das Referendariat gemacht habe, weiß ich heute umso besser, was ich will und was ich nicht will: Ich will nicht abends von Kunden angerufen werden. Schluss ist Schluss. Mein Gewissen quält mich nicht, wenn ich abends auf dem Sofa sitze oder weggehe. Wenn ich nach Hause komme, macht sich kein Klausurenstapel auf meinem Schreibtisch breit und grinst mich hämisch an.

Ich habe meinen festen Arbeitsplatz, an dem ich alles zur Verfügung habe, was ich zur Arbeit benötige. Keine Arbeitsblätter, die noch zu Hause liegen, obwohl ich sie gern genau jetzt kopieren würde. Keine Kosten für Büromaterialien.

Kein hektisches Kollegensuchen in der großen Pause mehr. Meine Kollegen sind alle an festen Orten anzutreffen. Und wenn jemand gerade nicht am Platz ist, gehe ich eine Viertelstunde später wieder vorbei, schreibe eine E-Mail oder spreche auf den AB. Ich habe die Gewissheit, dass meine Nachricht in naher Zukunft ankommt.

Habe ich meine Gleitzeit-Arbeitszeit schon erwähnt? Und wenn ich dringend ein paar Tage frei brauche, kann ich mir einfach Urlaub nehmen und muss mich nicht krankschreiben lassen oder bis zu den Ferien durchschleppen. Ich kenne Lehrer, die sich krankmelden, um Zeit zum Korrigieren zu haben! Ferien sind – mal ehrlich gesagt – doch unterrichtsfreie Zeit. Es ist zwar hart für mich, morgens aus dem Haus zu gehen, wenn mein Mann sich im Bett umdrehen kann, wenn er möchte, aber dafür sind meine Wochenenden auch Zeiten, in denen ich keine Arbeitsverpflichtungen habe.

Ich bin im Referendariat durchgefallen. Und ich bin sehr froh darüber. Ich hatte die Examensarbeit zwar bestanden, fiel aber in beiden Prüfungsunterrichten durch. Zu diesem Zeitpunkt hatte ich schon ein Jahr nicht mehr ernsthaft reflektiert, sondern mich nur noch durchgebissen. Ich habe hart gekämpft. Und natürlich kämpfte ich auch weiter, ließ mich nicht entmutigen und meldete mich (natürlich, so schien es mir) zur Wiederholungsprüfung an. Lehrer-sein ist schließlich nicht Referendariat. Jeder sagte mir, dass es nach diesen zwei Jahren Hölle besser werden würde. Ich hatte mich mit vielen euphorischen Ex-Referendaren unterhalten.

Kurz vor dem zweiten Termin, gut zwei Monate nach dem ersten Versuch, ging ich nach einem besonders erfolglosen Unterrichts-besuch in mich. Die Stunde war völlig schief gelaufen, ich hatte es mal wieder besonders gut machen wollen, hatte die Schüler da-mit aber leider überfordert. Irgendwie schaffte ich es am Tag da-nach, von mir selbst zurückzutreten und mir eine kurze, aber ent-scheidende Frage zu stellen: Ist Lehrer-Sein das, was du vom Leben willst? Ich überraschte mich selbst damit, dass sofort eine klare Ant-wort in mir aufstieg: Nein. Ist es nicht. Das war mein ganzer Ent-scheidungsprozess. Mein Herz wusste es schon lange, aber ich hatte nicht zugelassen, dass ich diese Antwort sah. Es war, wie eine kata-strophale Beziehung zu beenden, bei der man sich nachher ernst-haft fragt, warum man das nicht schon viel früher getan hat, weil der Partner einen nicht mehr glücklich gemacht hat, ganz im Gegenteil. Mein Freund und meine Eltern reagierten zunächst mit Verständ-nislosigkeit. – Warum wollte ich die Prüfung denn nicht wenigstens noch versuchen? Auf die kurze Zeit käme es doch nicht mehr an, und danach hätte ich dann doch wenigstens eine abgeschlossene Ausbildung! Und sicher wäre das „vernünftig" gewesen. Der sichere Weg. Aber nicht mein Weg. Ich sagte zu mir und anderen: „Nein, ich will nicht. Ich habe meine Ausbildung seit dem Abitur zwar so viele Jahre auf diesen einen Beruf hin ausgerichtet, aber das war lei-der ein Fehler. Ein bitterer. Aber wenn ich jetzt nicht den Absprung schaffe, bin ich vielleicht den Rest meines Berufslebens unglück-lich, weil der Beruf nicht zu mir passt, so, wie er heute ist." Durch diese bewusste Entscheidung habe ich mich stark gemacht. Die Ent-scheidung wurde mir nicht von anderen abgenommen: Ja, Sie dür-fen Lehrer werden – oder Nein, Sie dürfen es nicht.

Ich wollte das nicht. Ich bin ein stärkerer Mensch dadurch, dass ich meine berufliche Zukunft selbst in die Hand genommen habe.

Ich brauchte eben die schmerzhafte Holzhammermethode, um zu erkennen, dass Lehrersein nicht das ist, was ich vom Leben will.

Heute bin ich stolz, vorher abgebrochen zu haben. Ich habe mich nicht den Prüfern unterworfen, sondern mich bewusst gegen das Lehramt entschieden. Hätte ich das zweite Staatsexamen gehabt, hätte ich dann nicht vielleicht doch die Stelle angetreten, die ich schon sicher hatte? Das weiß ich nicht. Was ich aber weiß, ist, dass ich durch diesen selbstbestimmten Schritt einen Teil meines Selbstbewusstseins wiedergewonnen hatte, das im Referendariat zerquetscht worden war.

Ich habe den Sprung ins kalte Wasser gewagt und habe gewonnen. Nach drei Monaten intensiven Bewerbens hatte ich eine Volontariatsstelle. Dazu gehörte auch eine Portion Glück, zur richtigen Zeit am richtigen Ort zu sein. Aber diese Gelegenheiten kann man sich auch schaffen, indem man sehr viele gute Bewerbungen rausschickt.

Abgebrochen oder durchgefallen: Was jetzt? Ich habe folgendes getan:
- Beim Arbeitsamt arbeitssuchend melden (und Antrag auf Hartz IV stellen)
- Mindestens zwei Wochen erholen. Das hat sich jeder leidende Referendar verdient.
- Bücher über „Richtig bewerben" und Projektmanagement kaufen
- Im Börsenblatt und im WiLaBonn Anzeigen lesen, mittwochs und samstags die Tageszeitungen der interessanten Regionen kaufen
- Internetdatenbanken nach Stellenausschreibungen durchsuchen
- Einen Basistext für Bewerbungen anlegen: Fähigkeiten auflisten (sehr wichtig: die im Ref zahlreich angesammelten Soft Skills nicht vergessen).
- Bewerbungen schreiben – bitte nur auf Stellen, die Sie wirklich spannend finden. Alles andere hat keinen Sinn, denn in einem Job, den man nur aus Verzweiflung angenommen hat, wird man auch nicht glücklich.

Überleben in der Schule

Karin Brose / Wolfgang Pfaffe
Survival für Lehrer

2. Auflage 2009. 160 Seiten, gebunden
ISBN 978-3-525-61103-6

Der Schulalltag ist gnadenlos: Lehrer arbeiten immer unter Zeit-
druck, oftmals in renovierungsbedürftiger Umgebung, vielfach
ohne jede Anerkennung von außen. Der Ruf ist denkbar rampo-
niert. Die Arbeitssituationen sind stressig, die Schülergruppen
heterogener denn je, häufig fehlen elementare Bildungsvoraus-
setzungen und fachliche und persönliche Anerkennung, dafür
steigen die bürokratischen Anforderungen unaufhaltsam.

Bei solchen Rahmenbedingungen kann man verzweifeln – oder
sie als Herausforderung annehmen. Karin Brose und Wolfgang
Pfaffe zeigen Wege durch den Dschungel des Schulalltags.

»Mein Buch soll [...] keine Hetze gegen Lehrer sein, sondern jungen Leuten helfen, die richtige Berufsentscheidung zu treffen.«
Karin Brose im Interview, Der Spiegel

»Ein Ratgeber, den Pädagogen wie auch Eltern unbedingt lesen
sollten.«
Kinderzeit – Das Bremer Familienmagazin

Vandenhoeck & Ruprecht